우리가 미처 몰랐던 50가지 반려견 상식

강아지 탐구생활

Inuzuki Ga Kininaru 50 No Gimon by Etsuko Yoshida

Copyright ⓒEtsuko Yoshida 2007
All rights reserved.
Original Japanese edition published by SB Creative Corp.
Korean translation rights arranged with SB Creative Corp.
through Eric Yang Agency Co., Seoul.
Korean translation rights ⓒ2018 by RH Korea Co., Ltd.

이 책의 한국어판 저작권은 EYA(Eric Yang Agency)를 통한 SB Creative Corp.와의
독점계약으로 한국어 판권을 '(주)알에이치코리아'가 소유합니다.
저작권법에 의하여 한국 내에서 보호를 받는 저작물이므로 무단전재와 복제를 금합니다.

우리가 미처 몰랐던 50가지 반려견 상식

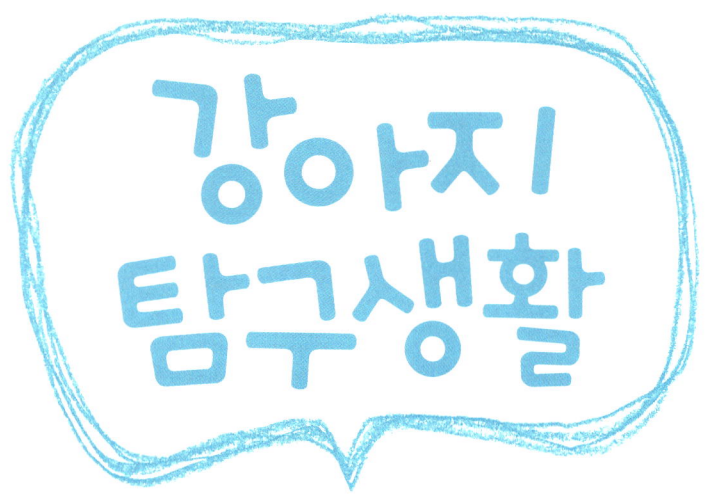
강아지 탐구생활

요시다 에츠코 지음
정영희 옮김

알에이치코리아

> 들어가는 말

내 사랑하는 친구 존과 조니에게

나에게는 개에 관해 생각하는 일이 인간에 대해서 생각하는 것과 같다. 인간과 오래전부터 함께해온 개의 생태를 알고 나서야 비로소 인간에 대해서도 보다 깊이 이해할 수 있기 때문이다. 오래전부터 '개란 무엇인가', '개와 인간의 관계란 무엇인가'라는 질문이 늘 나를 따라다녔다. 그 해답을 찾는 것이 나에게는 큰 즐거움이다.

개라는 동물은 알면 알수록 흥미롭고, 글로 쓰면 쓸수록 좋아지는 친구다. 지금까지 나는 공사를 불문하고 개와 매우 가깝게 지내왔다. 20대에 시작한 반려견 잡지 연재는 10년 이상 계속되었고, 그 내용을 모아 정리해 『일본견, 혈통을 지키기 위한 싸움』이라는 단행본을 냈다. 반려견에 대해 취재하게 된 계기는 내가 키우는 아키타 견종의 반려견, '존 만지로' 때문이었다.

그 후, 노견老犬 관련 서적의 시발점이 되었다고 자부하는 『유비무환, 노견 생활』과 『노견과 행복하게 사는 법』을 출간했다. 이 책들은 모두 내가 두 번째로 키우게 된 '조니'(이번 책에도 등장한다)와 생활하면서 겪은 시행착오와 그 속에서 익힌 지혜, 노견에게 필요한 것들을 창의적으로 궁리해나가는 과정 속에서 탄생될 수 있었다.

서점의 반려동물 코너에 가면 귀여운 강아지의 사진이나 일러스트를 표지로 한 단행본과 잡지가 넘쳐난다. 하지만 대부분은 반려견 교육이나 훈련, 행동학 등 문제를 일으키는 행동에 대한 대처법에 관련된 내용을 다루고 있다.

반려견과의 생활에서 우선되어야 할 것은 즐거움이다. 그런데도 대부분의 관련 서적들은 그 내용이 쉽지 않아, 가볍게 읽기보다는 어쩐지 열심히 공부해야 할 것 같은 기분이 들고는 한다. 나는 그런 점이 다소 불만스럽게 느껴졌다. 어쩌면 내가 공부를 싫어하고 그런 면에서 흐리터분한 구석이 있어서일지도 모르겠다.

하지만 그와 동시에 이런 의문도 들었다. 개와 함께 생활하는 사람이 늘어나 개와 인간과의 관계가 보다 깊어지고 있는 요즘, 개에 관련된 양질의 정보를 필요로 하는 사람들에게 그에 부합하는 대답을 해줄 수 있는 책이 과연 얼마나 될까에 대해서 말이다.

보다 깊게 이야기한다면, 인간의 내면을 겉으로 드러나게 해주는 존재, 그 내적 세계를 탐구하는 동물로서 개에 대한 고찰은 분명 가치가 있는 것이라고 생각한다. 미술이나 문학, 영화, 음악과 인간 사이의 깊은 연관 관계와 마찬가지로 말이다. 그러나 개에 관한 지적인 분석이나 과학적 설명 혹은 고찰을 위한 움직임은 아직 미약하다.

  이 책은 개를 키우는 사람이라면 꼭 알아야 할 개의 습성과 일반적인 행동, 개들의 심리에 대한 의문 등 개에 관해 궁금한 질문 50가지를 엄선하여 수록했다. 기존의 반려견 관련 책에서 미처 다루지 못했던 사항에 대해서도 보다 구체적으로 접근했고, 재미있고, 알기 쉽게 설명하려고 노력했다.

  차례에 상관없이 관심이 가는 질문부터 읽어가도 좋다. 이 책을 읽어가는 도중, 개에 관한 여러분의 오래된 의문이 풀릴 수 있다면 좋겠다. 이렇게 능력이 뛰어나고 지적이고 역동적이고 유쾌하고 사랑스럽고 훌륭한 생물이 바로 우리 곁에 있는 개라는 사실을, 그리고 그 존재 덕분에 인간의 삶이 얼마나 풍요로워졌는지를 알 수 있게 된다면 더없이 기쁠 것이다. 개라는 동물이 진지한 고려의 대상이 될 만큼 심오한 존재라는 사실을 이해해준다면 더 바랄 것이 없겠다.

이 책을 집필할 기회를 주신 사이언스 아이 편집장 마스다 겐지益田賢治 씨에게 마음속 깊이 감사의 말씀을 드린다. 특히 그는 자신의 반려견인 '밀크'와 '모카', '마론'을 대하듯 각별한 애정을 가지고 책의 기획과 지면 구성 등 여러 분야에 힘을 쏟아주었다. 더불어 반려견의 사랑스러운 사진을 제공해준 많은 분들께도 감사드린다. 그리고 좋은 글을 쓸 수 있도록 항상 힘이 되어준 가족에게도, 사랑스러운 내 친구 '존 만지로'와 '조니'에게도 감사의 말을 전한다.

나에게 이 책은 개라는 동물에 대한 경의와 애정의 표현이다. 그리고 그들에 대한 아주 작은 답례다.

요시다 에츠코

내가 바로 조니랍니다!

Contents

들어가는 말 내 사랑하는 친구 존과 조니에게 _ 04

 ## 개에 관한 단순한 질문

01 개는 왜 짖을까? _ 14
02 '아우우~' 하며 울부짖는 이유는? _ 18
03 왜 소형견일수록 더 잘 짖을까? _ 22
04 잘 짖는 개와 그렇지 않은 개는 무엇이 다를까? _ 26
05 개는 어떤 기분일 때 꼬리를 흔들까? _ 29
06 개는 왜 사람을 잘 따를까? _ 32
07 개가 사람에게 복종하는 이유는? _ 36
08 개의 지능지수는 얼마일까? _ 40
09 개의 기억력은 어느 정도일까? _ 44
10 개의 시력은 얼마일까? _ 48
11 개의 후각이 발달한 이유는? _ 52
12 얼마나 먼 곳까지 냄새를 맡을까? _ 56

Research 당신이 키우고 있는 개는 어떤 견종입니까? _ 59

13 코는 왜 항상 젖어 있을까? _ 60
14 개는 어떻게 사람을 식별할까? _ 64
15 개는 인간의 언어와 기분을 어디까지 이해할까? _ 68
16 그들만의 언어가 따로 있을까? _ 72
17 개는 왜 물까? _ 76
18 왜 개는 사람의 얼굴을 핥을까? _ 80
19 개에게 냄새가 나는 이유는? _ 84
20 개도 땀을 흘릴까? _ 88

Research 1 몇 마리의 개를 키우고 있습니까? _ 91
Research 2 개의 성별은 무엇입니까? _ 91

part 2 심리나 습성에 관한 질문

21 털이 빠지는 종과 그렇지 않은 종은 뭐가 다를까?_ 94
22 개는 왜 오줌 눌 때 한 발을 들까?_ 98
23 오줌을 찔끔찔끔 싸는 이유는?_ 102
24 영역 표시를 그만두게 할 수는 없을까?_ 104
25 산책 시간은 어느 정도가 적당할까?_ 106
26 개는 왜 풀을 뜯어 먹을까?_ 110
27 얼마나 먹어야 배부르다고 느낄까?_ 114
28 같은 사료만 계속 먹어도 질리지 않을까?_ 118
29 개도 당뇨병에 걸리나?_ 122
30 양파를 먹이면 안 되는 이유는?_ 126
31 도대체 왜 똥을 먹을까?_ 130
32 개는 옷 입는 것을 좋아할까?_ 133
33 개도 꿈을 꿀까?_ 136
34 개의 수명은 얼마나 될까?_ 140
35 발바닥의 패드는 어떤 역할을 할까?_ 144
36 개도 스트레스를 받을까?_ 148

Research 1 개를 어떤 환경에서 키우고 있습니까?_ 151
Research 2 개는 어디에서 구입하셨습니까?_ 151

견종에 관한 질문

- 37 이 세상에 얼마나 많은 견종이 있을까?_ 154
- 38 개의 조상은 정말 늑대일까?_ 158
- 39 견종에 따라 성격이 다른 이유는?_ 162
- 40 치와와와 세인트버나드의 교미가 가능할까?_ 166
- 41 믹스견과 순종견의 차이는?_ 170
- 42 개는 리더를 어떻게 알아볼까?_ 174
- 43 개에게도 좋고 싫음이 있을까?_ 178
- 44 닥스훈트나 코기의 다리가 짧은 이유는?_ 182
- 45 불도그의 얼굴은 왜 쭈글쭈글할까?_ 186
- 46 몰티즈는 왜 흰색일까?_ 190
- 47 웰시 코기의 꼬리는 왜 자르지?_ 194
- 48 달마시안의 몸에 얼룩무늬가 있는 이유는?_ 197
- 49 시베리아허스키는 정말 머리가 나쁠까?_ 200
- 50 도움견에 래브라도 레트리버가 많은 이유는?_ 204

참고 문헌_ 208

Index_ 210

책을 옮기며_ 212

이 책을 보기 전에

견종은 어떻게 분류할까?

이 책에서 개에 관한 궁금증을 풀어나가는 동안 만나게 될 다양한 견종의 개들을 6가지 기본적인 분류로 나누어 보았다. 견종 각자가 지닌 역할에 따라 어떤 무리들이 존재하는지 미리 알아두면 개에 관해 이해하는 데 좀 더 도움이 될 것이다.

조렵견 스포팅 도그 Sporting Dog 그룹
사냥개 중에서 조류 사냥을 돕는 무리를 통틀어 조렵견이라고 한다. 사냥감을 발견해 주인에게 알려주는 포인터와 세터, 공중에서 총에 맞아 떨어진 사냥감을 찾아내는 탐색견, 사냥감을 물고 돌아오는 회수운반견, 수영을 해서 사냥감을 물고 오는 수중사냥개로 나뉜다.
ex) 레트리버 종, 포인터 종, 스파니엘 종 등

수렵견 하운드 Hound & 테리어 Terrier 그룹
일반적인 짐승류를 사냥할 때는 수렵견, 즉 하운드 무리가 활약한다. 예를 들어, 토끼나 너구리, 오소리 등을 쫓아 땅굴을 파고 들어가기 위해 몸통은 좁고 다리는 짧은 체형으로 개량된 견종이 있는가 하면, 멧돼지나 곰 등과 격투를 벌이거나 들쥐나 여우, 수달 등을 사냥하는 견종도 있다.
ex) 닥스훈트, 비글, 아프간하운드, 보르조이, 바센지, 테리어 종 등

사역견(번견) 워킹 도그 Working Dog 그룹
침입자로부터 집과 주인을 안전하게 지키는 견종이다. 독립심과 의지가 강하며 작은 소리에도 예민하게 반응하고 커다란 목청으로 짖어 낯선 이들의 접근을 방어한다.
ex) 아키타견, 시베리아허스키, 사모예드, 세인트바나드 등

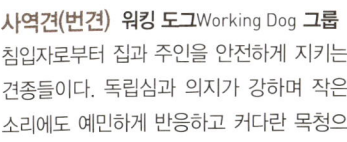

소형견 토이 도그 Toy Dog 그룹
요즘 인간과 함께 하는 가장 흔한 견종 그룹이다. 대체로 체구가 작고 앙증맞은 외모를 하고 있으며 실내에서 키우기 적합하도록 개량되어 왔다.
ex) 몰티즈, 치와와, 시추, 요크셔 테리어, 파피용 등

목양견·목축견 허딩 도그 Herding Dog 그룹
이 견종들은 가축을 울타리 밖, 또는 안으로 몰고 가거나 일정 범위 밖으로 벗어나지 못하도록 통제하는 역할을 한다. 가축의 뒤꿈치를 살짝 살짝 물거나 큰 소리로 짖어 양떼를 모는 특성은 바로 이런 역할에서 비롯되었다.
ex) 콜리, 웰시 코기, 셰틀랜드 시프도그 등

비조렵견 논 스포팅 도그 Non Sporting Dog 그룹
위의 다섯 가지 분류와 구분되는 또 하나의 그룹이 바로 비조렵견, 즉 '가정견' 무리다. 성격이 느긋하고 놀이를 좋아하는 성향을 지닌 비조렵견은 실내 또는 실외에서 살며 친구로서의 역할을 묵묵히 수행한다.
ex) 불도그 종, 푸들, 달마시안 등

part 1

개에 관한 단순한 질문

매일 개와 함께하다 보면 '개는 왜 짖을까?', '개는 왜 사람을 잘 따를까?', '코는 왜 항상 젖어 있을까?' 등 이런저런 궁금증이 생긴다. part1에서는 이와 같이 소박한 질문들을 먼저 던져보겠다. 개에 대해 잘 몰랐던 일반 상식에 대해 알아보기로 한다.

개는 왜 짖을까?

다양한 견종 중에는 유독 집요하게 짖어대는 개들이 있다. 이렇게 원래 잘 짖는 품종을 골라 훈련시킨 사냥개나 집을 지키는 능력이 발달한 번견番犬은 짖는 것을 자신의 중요한 역할이라 여긴다. 몸집이 작은 소형견의 경우에도 주의를 끌기 위해 과도하게 짖는 습성을 지닌 종류가 있다.

개가 짖을 때는, 평범하게 짖는지 집요하게 짖고 있는지를 구별하는 것이 중요하다. 예컨대 꼬리를 흔들며 짖을 때는 같이 놀자는 의미다. 그 밖에도 배고프거나, 쓸쓸하거나, 무서울 때, 산책하고 싶다거나, 똥이나 오줌이 누고 싶을 때 등등 개가 짖는 이유와 상황은 다양하다. 하지만 자신의 요구가 충족되고 나면 자연스럽게 짖는 것을 멈춘다.

개가 짖는 이유는 다양하다

개가 꼬리를 흔들며 짖을 때는
같이 놀고 싶다거나 산책이 하고 싶은 경우다.

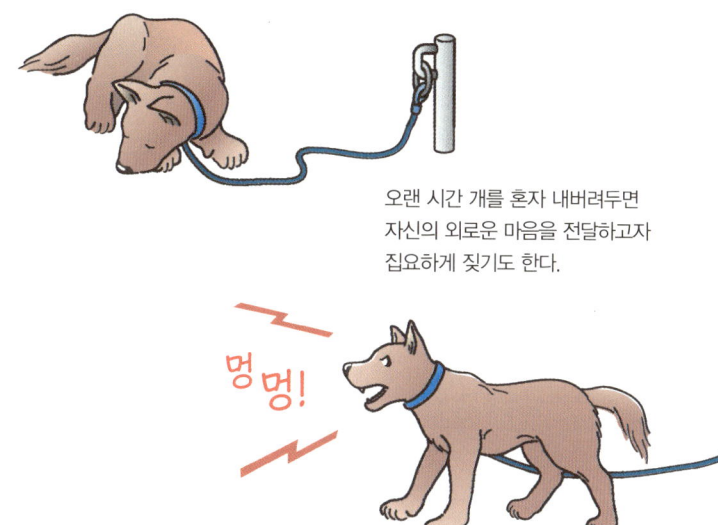

오랜 시간 개를 혼자 내버려두면 자신의 외로운 마음을 전달하고자 집요하게 짖기도 한다.

    개가 몇 시간이고 계속해서 짖는 것은 무언가를 강하게 호소하기 위한 행동으로, 대부분 개가 불안을 느낄 때다. 태어날 때부터 사회적인 습성이 강한 동물인 개는 혼자 남겨지면 버려졌다고 느낀다. 이때 외출한 주인에게 자신의 기분을 전하려고 계속해서 짖는 행위를 하는 것이다. 이제나저제나 주인이 돌아오기를 기다리며 허전함과 그리운 마음을 짖는 것으로 호소하고 있는 셈이다.

    개의 조상인 늑대가 울부짖는 이유는 멀리 있는 무리에게 자신이 있는 장소를 알려, 한곳에 불러 모으고자 하는 목적이라고 한다. 하지만 단순히 연락을 목적으로 할 때뿐만 아니라, 쓸쓸하거나 불안할 때도 같은 행동을 보이고는 한다.

    개는 절대 쓸데없이 짖지 않는다. 반드시 무언가 이유가 있기 때문에 짖는다. 주인은 그 이유를 찾아내 개가 짖지 않을 수 있는 환경을 만들어주는 것이 중요하다.

개는 보통 경계나 경고의 표시로 짖는 경우가 가장 흔하다. 개의 방위 본능에 의한 것으로, 자신의 영역이라 여기고 있는 집 주변에 다가오는 낯선 사람이나 통행인을 보고 짖는 것이다. 우체부처럼 모르는 사람이 자신의 영역을 지나치기만 해도 짖어대는 것은 이 때문이다. 통계에 따르면, 이렇듯 자신이 기르는 개가 무턱대고 시끄럽게 짖어대는 것이 가장 큰 고민이라고 꼽는 사람이 많았다.

개는 자신의 영역을 지키고자 하는 본능이 강하기 때문에 모르는 사람이나 다른 개가 영역 안에 들어오면 짖는 것으로 거부 의사를 표현한다.

'앉아!'를 훈련시키기

현관 근처에 개집을 두면 모르는 사람이나 다른 개가 지나갈 때 짖는 것으로 거부 의사를 표현한다.

자신이 짖고 난 후 낯선 사람이 자신의 영역에서 사라지면, 개는 짖는 것으로 표현한 자신의 거부 의사가 받아들여졌다고 이해한다. '짖으면 영역 밖으로 쫓아낼 수 있다'는 패턴을 학습하면 개에게는 짖는 것이 습관이 되고 만다.

만일 자신이 짖고 있을 때 주인이 큰 소리를 내면, 개는 주인이 자신의 행동을 칭찬한다고 착각하고 더 큰 소리로 짖기도 한다. 개가 쓸데없이 짖을 경우에는 먼저 '앉아!'를 시켜 행동을 제압한 후 짖을 수 없는 상황을 만들도록 한다.

마당에서 개를 키울 경우 사람의 출입이 많은 현관 근처에는 개집을 두지 않는 것이 좋다. 도로 쪽과 떨어진 안정된 장소로 개집을 옮기거나, 그것이 어려울 경우 밖에서 바로 보이지 않도록 울타리를 쳐주는 것이 좋다.

운동 부족이나 스트레스 때문에 민감해진 개가 과도하게 짖는 경우도 있다. 이럴 때는 충분히 산책을 시켜주고 주인과 함께 노는 시간을 갖도록 하여 예민해진 개의 상태를 안정시킬 수 있다.

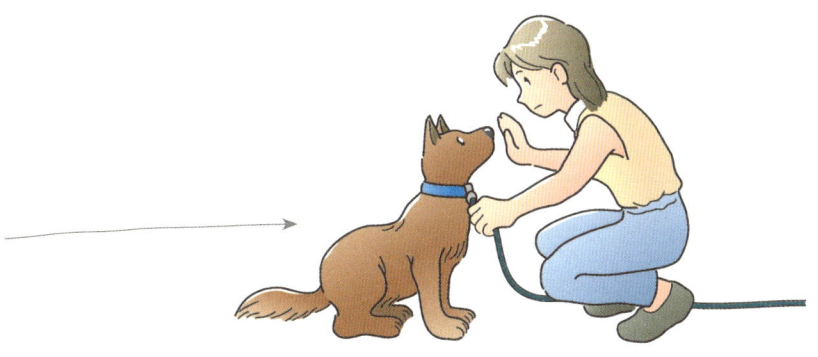

이럴 때는 '앉아!'를 시킨 후 개가 짖지 못하도록 주의를 준다.

'아우우~' 하며 울부짖는 이유는?

동물이 울부짖는 모습을 떠올려 보자. 절벽 위에 선 늑대가 달을 향해 '아우우~' 소리를 내며 처량한 목소리로 울고 있는 이미지가 그려질 것이다.

개가 울부짖는 이유는 사냥을 위해 무리를 한곳에 모으거나 자신이 있는 곳을 알리기 위해, 혹은 다른 무리에게 자신들의 영역을 주장하기 위한 것이라고 알려져 있다. 이는 모두 무리를 이루어 생활하던 옛날 습성이 아직까지 남아 있는 것이다.

🐾 개는 왜 울부짖을까?
개가 울부짖는 이유는
야생에서 무리 생활을 하던 때의 습성으로,
그중에는 자신의 영역을 주장하는 의미도 있다.

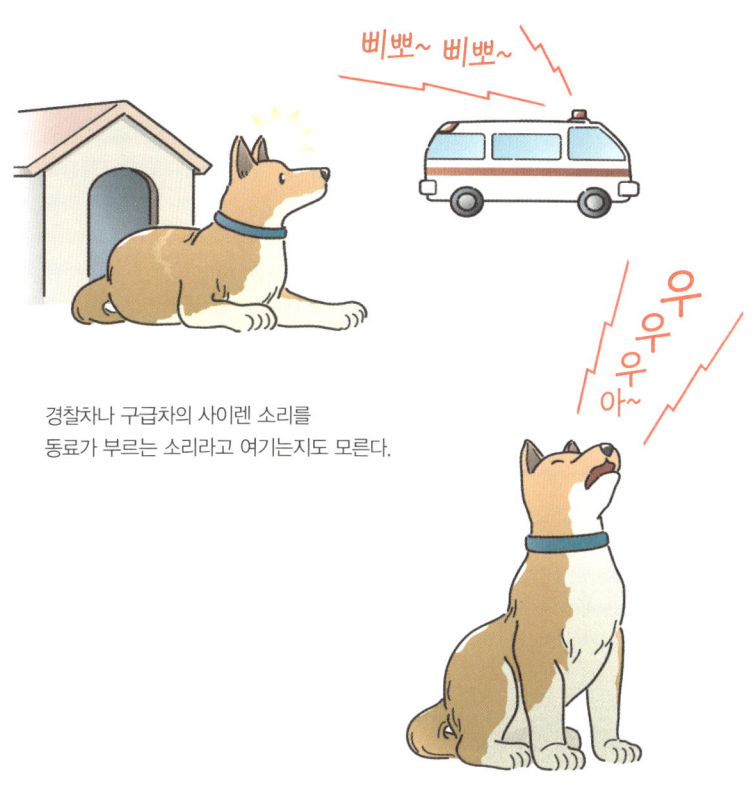

경찰차나 구급차의 사이렌 소리를
동료가 부르는 소리라고 여기는지도 모른다.

    그렇다면 요즘 개들이 구급차의 사이렌 소리에 반응해 울부짖는 이유는 왜일까? 연구 결과에 따르면, 경찰차나 구급차의 사이렌 소리가 내는 주파수와 늑대가 울부짖는 소리가 내는 주파수가 동일하다고 한다. 사람의 귀에는 개의 울음소리와 사이렌 소리가 전혀 다르게 들리지만 개는 소리 그 자체와는 상관없이 소리가 내는 일정 주파수에 반응해서 울부짖는 것이다. 구급차의 사이렌 소리를 듣고 멀리서 동료가 부르는 소리라고 생각해 '우오오~' 하며 대답하는 것일지도 모른다. 혹은 사이렌 소리가 야생 생활 당시의 본능을 불러일으키는 것일 수도 있다.

    하지만 예전과 달리 요즘의 개들은 대부분 자신이 고독하다고 느낄 때 울부짖는다. 혼자 집을 지키는 것에 익숙한 우리 집 개 '조니'도 나이가 들수록 외로움을 더 심하게 타는지, 혼자 두고 외출하려고 하면 슬픈 목소리로 울어대고는 한다. '아우우~ 혼자 있으면 쓸쓸하니까 얼른 돌아오세요!'라며 자기 마음을 나에게 호소하고 싶어서일 테다. 원래 무리 지어 집단생활을 했던 개는 그 습성상 혼자가 되는 것을 불안해하며 못 견디는 것이다.

예전에는 주택가에서 개들의 우는 소리를 자주 들을 수 있었다. 한 마리가 울기 시작하면 그에 대답이라도 하듯 근처의 다른 개도 덩달아 짖는다. 그러면 다시 또 다른 개가 그 소리에 대답하듯 목청을 높여 울어댄다. 그러다 보면 어느새 연쇄적으로 다른 개들마저 울거나 짖게 되고 점점 더 멀리에 있는 개들까지 함께 짖게 된다.

노래나 악기 소리에 반응하는 재미있는 경우도 있다. TV에서 나오는 하모니카나 피아노 소리 등 특정 악기나 노랫소리가 들려오면 그것에 보조를 맞추듯 리듬에 맞춰 울어대기도 한다.

혹시, 개들에게도 음치가 있을까? 동네의 모든 개들이 다 같이 입을 맞춰 울부짖을 때, 그중에 한 마리 정도 박자와 음정을 못 맞추는 개가 있다면 재미있을 것 같다는 생각을 해본다.

그런데 요즘 들어서는 개가 짖는 소리를 자주 들을 수가 없다. 상황에 따라서는 전혀 울지 않는 개도 있다. 아마도 반려화의 영향이 클 것이다. 실내에서 사람과 함께 살아가게 됨에 따라 먹이를 쫓는 사냥 본능과 함께 개의 울부짖는 본능도 점점 사라져가고 있는 것으로 보인다.

덩달아 짖는 개들의 연쇄 반응

주인이 외출해 외톨이가 되면 불안한 마음에 짖기 시작한다.

한 마리가 짖으면 근처의 개들이 그 소리에 반응해 울기 시작하고 연쇄적으로 반응이 점점 퍼져간다.

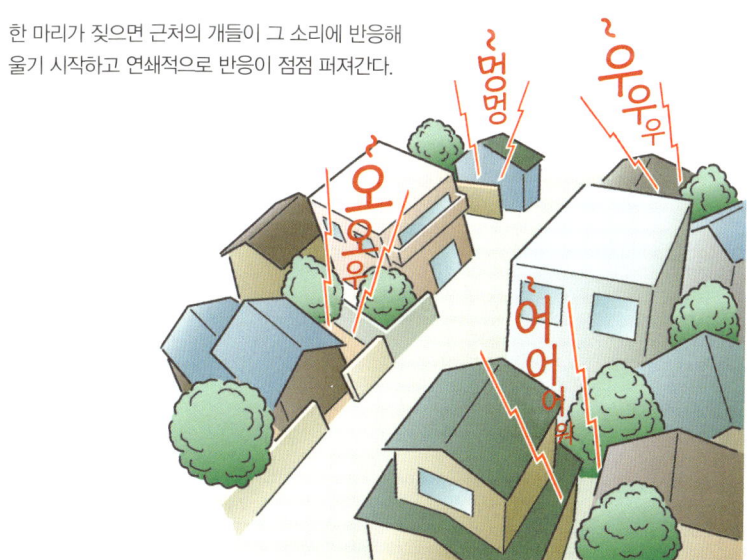

왜 소형견일수록 더 잘 짖을까?

왜 몸집이 작은 개일수록 더 잘 짖을까? 첫 번째로 생각해볼 수 있는 이유는 겁이 많아 경계심이 지나치게 강해서다. 즉, 약한 개일수록 더 잘 짖는다고 보는 견해도 있다.

대표적인 소형견 중에서 비교적 잘 짖는 개라고 여겨지는 치와와 Chihuahua를 예로 생각해보자. 치와와는 초소형견에 들어가는 견종이지만 체형이 좋고 움직임도 활발하기 때문에 연약하다는 느낌은 그다지 없다. 작은 체구이지만 의외로 용감하고 성질도 대담하다. 하지만 역시 체구가 작기 때문에 경계심이 매우 강한 편이고, 사물이나 상황에 민감한 반응을 보여 잘 짖는다. 대형견을 향해 맹렬히 짖어서 위협하는 경우도 종종 있다.

최근 인기 있는 견종에 자주 행해지는 과도한 선택 교배의 결과, 가냘플 정도로 작은 체형의 치와와가 늘어나고 있다. 그 결과 지나치게 신경질적이며 겁이 많은 성격으로 변하게 되었고, 그에 따라 무턱대고 함부로 짖는 성향의 개도 늘어가고 있는 듯하다.

과보호로 키운 개일수록 잘 짖는다는 것이 그 두 번째 이유다. 작은 체구의 소형견종 대부분은 주인에게 더 많은 관심과 사랑을 받고자 하는 욕구가 강한 편이다. 이러한 욕구가 점점 더 높아지게 되면 마구 짖어대는 것으로 그 감정을 표현하는 경우가 종종 있다.

세 번째 이유는 몸집을 작게 만들면서 잘 짖도록 인위적으로 개량되어온 경우다. 소·중형견으로 분류되는 웨스트 하이랜드 화이트 테리어 West Highland White Terrier나 웰시 테리어Welsh Terrier, 케언 테리어Cairn Terrier, 스코티시 테리어Scottish Terrier 등의 테리어 종류는 쥐나 수달, 여우나 오소리 등 작은 동물을 사냥하는 사냥개로서, 땅을 파헤치거나 동물의 보금자리에 파고 들어가 목표물을 한곳으로 몰기에 적합한 크기로

겁이 많은 소형견은 잘 짖는다

치와와는 경계심이 아주 강해서 다른 개나 낯선 사람을 위협하기 위해 자주 짖는다.

주인에게 사랑받고 싶다는 욕구를 표현하기 위해 짖는 경우도 있다.

사냥개로 개량된 닥스훈트는 활발하게 짖으면서 사냥감을 쫓아간다.
작은 몸집이지만 굵은 소리를 내며 짖는 것이 특징이다.

개량되어왔다.

    테리어는 사냥개의 피를 물려받은 만큼, 몸집은 작지만 에너지가 넘치는 개다. 강한 체력, 예민한 후각, 야생동물 앞에서도 기죽지 않는 용맹성, 승부욕이 강한 성격, 끝까지 목표물을 추격하는 근성과 속도, 테리어 종 특유의 정열적이며 활력 넘치는 성격 등 헤아릴 수 없을 만큼 그 특징이 다양하다. 격렬하게 짖으면서 목표물을 추격하는 사냥개로 개량되어 온 테리어 종은 다른 견종에 비해 잘 짖는 견종이라 할 수 있다. 이변이나 위험이 닥쳤을 때를 주인에게 알려주는 번견으로도 훌륭한 견종이다. 작은 몸집에 비해 몸과 마음이 모두 건강하고 짖는 소리도 우렁차기 때문에 대형견에게도 밀리지 않는 존재감을 드러낸다.

    미니어처 닥스훈트Miniature Dachshund 역시 테리어와 마찬가지로, 오소리나 여우가 사는 굴에 들어가 사냥하는 데 적합하도록 짧은 다리와 긴 몸을 가진 모습으로 개량되어왔다. 소형견이면서도 뼈대가 굵고 다부진 체격의 닥스훈트는 잘 짖는 성향을 보이며 짖을 때 굵은 목소리를 낸다.

셰틀랜드 시프도그Shetland Sheepdog나 보더콜리Border Collie 등 목양견牧羊犬들은 가축의 다리 사이를 통과하듯 이리저리 활발하게 뛰어다니며 가축 무리를 한군데로 몰아간다. 활발히 짖으며 가축을 몰아가는 것이 그 개들의 역할이었기 때문에 다른 견종에 비해 확실히 잘 짖는다. 하지만 본래 학습 능력이 뛰어난 견종이라서 제대로 교육시킨다면 잘 짖지 않도록 하는 것도 가능하다.

사냥개 중에서 가장 몸집이 작은 비글Beagle은 예민한 후각 능력으로 토끼나 여우를 찾고 여러 마리가 함께 그 뒤를 쫓아간다. 막다른 곳에 목표물을 몰아넣으면 활발하게 큰 소리로 짖어 주인에게 그 위치를 알린다. 멀리까지 울려 퍼지는 풍부한 음량을 가진 목소리의 주인공이다.

사람도 저마다 성격이 다르듯, 개 또한 각각의 개성이 다르다. 소형견은 기질이 예민하여 잘 짖는다고 인식되고 있지만, 재패니즈 스피츠Japanese Spitz처럼 거의 짖지 않는 얌전한 성격으로 개량된 예도 있다.

천성적으로 잘 짖는 종류의 개를 여러 마리 함께 키울 경우, 서로 간의 상승효과에 힘입어 쓸데없이 짖는 경우도 있으니 주의할 필요가 있다.

🐾 견종의 역할에 따라 잘 짖는 개가 있다

목양견인 콜리나 셰틀랜드 시프도그 등은 가축을 한곳으로 모으기 위해 짖는다.

잘 짖는 개와 그렇지 않은 개는 무엇이 다를까?

조니는 원래 잘 짖지 않는 개였다. 성격이 활발하여 어리광을 부리면서 '히-히-' 소리를 내며 신나게 까부는 경우는 있지만 '멍! 멍!' 하고 개답게 짖는 일은 없었다. 너무 짖지 않으니 혹시 벙어리가 아닐까 의심할 정도였다. 물론 온순하고 얌전한 성격은 나무랄 데 없지만, 필요할 때는 소리 내어 짖는 것이 개의 역할이기도 하므로 걱정되기도 했다.

처음으로 '멍!' 하는 소리를 들었을 때 가족 모두 조니가 짖었다는 사실에 감동할 정도였으니 말이다. 한 번 짖고 난 후 수컷으로서의 자신감을 되찾은 모양인지 그 이후부터는 보통의 개들처럼 평범하게 잘 짖는다. 당시 조니가 다소 주눅 들어 있었거나 소심한 상태였을지도 모른다는 사실을 나중에야 알게 되었다.

짖기를 좋아해 잘 짖는 개도 있지만 반대로 거의 짖지 않는 개도 꽤 많다. 개성에 따라 각양각색이다.

예를 들어 처음 가본 주택지에서 만난 몇 마리의 개들이 낯선 사람인 나를 보고도 조용하게 짖지 않고 있으면, 그 마을의 모든 개들이 평온하게 잘 지내고 있다는 느낌을 받는다. 반대로 집 앞을 지나가는 것뿐인데도 개가 컹컹거리며 흥분한 소리로 짖는 경우도 있다. 그러면 주변의 다른 개들도 일제히 짖어댄다. 개에게도 집단 심리라는 것이 있어 무리의

한 마리가 긴장하면 다른 개들도 덩달아 긴장하기 때문이다.

　여러 마리의 개를 한꺼번에 키우는 경우, 한 마리가 짖기 시작하면 다른 개들도 따라서 짖을 때가 있다. 그러다가 이방인이 주인과 인사를 나누면 바로 짖기를 멈추기도 한다. 자신의 주인과 인사하는 모습을 보고 경계심이 풀렸기 때문인지도 모른다. 이렇듯 생활환경이나 교육의 유무도 개가 짖는 것과 많은 관계가 있을 것이다.

　물론 견종에 따라서도 잘 짖는 개와 잘 짖지 않는 개로 나눌 수 있다.

🐾 바센지의 특징

쓸데없이 짖지 않기로 유명한 바센지는 사냥개로서 아주 훌륭한 견종이다.

짖지 않고도 목표물을 막다른 곳으로 몰아가는 사냥의 명견이라고 할 수 있다.

야성미 넘치는 바센지. 가끔 '멍!' 하며 짧게 한 번씩 짖기도 한다. (사진 제공 : 바센지 '빠루'의 홈페이지)

예를 들어 닥스훈트는 앞서 설명한 것처럼 원래 오소리나 여우 사냥을 위해 개량된 종이기 때문에, 새로운 자극에 대해 과민할 정도로 열심히 짖어댄다.

거의 짖지 않는 개로는 바센지Basenji를 들 수 있다. 원산지인 중앙아프리카의 콩고에서는 짖지 않는 바센지의 특성을 잘 살려 사냥에 활용하고 있다. 바센지는 쓸데없는 소리를 내서 목표물이 눈치채고 도망가는 일이 없도록, 조심조심 접근해서는 사냥감을 그물로 몰아넣는다.

바센지는 가끔씩 요들송과 비슷한 소리를 내며 자신의 기쁜 감정을 표현하기도 한다. 고개를 약간 갸우뚱거리며 장난스러워 보이는 눈으로 '같이 놀자!'는 감정을 표현하는 등 얼굴 표정도 풍부하다.

바센지가 유럽에 소개된 것은 20세기 초반의 일이다. 세계에서 가장 오래된 견종이라 불리는 바센지는 자칼이나 코요테 등 갯과의 야생동물이 가진 유전자를 물려받았다고 알려져 있다. 영리하면서도 경계심과 독립심이 강하기 때문에 반야생견半野生犬이라고 칭해지기도 하며, 야생의 본성을 많이 가지고 있는 호기심이 풍부한 견종이다.

개는 어떤 기분일 때 꼬리를 흔들까?

모든 동물은 귀, 눈, 입, 꼬리로 자신의 감정을 드러내는 경우가 많다. 다른 동물처럼 언어로 의사를 전달할 수 없는 개 역시 꼬리로 자신의 감정을 직접적으로 표현한다.

주인이 나갈 준비를 하는 것을 보고 산책에 대한 기대감으로 꼬리를 흔들다가도, 자신의 기대와는 반대로 혼자 집을 지켜야 한다는 사실을 알게 되면 그 즉시 꼬리에 힘을 빼고 아래로 축 내려뜨린다.

장난치다가 혼난 개는 주인이 자신의 이름을 불러도 곧바로 주인 곁으로 가지 않고 흡사 토라진 것처럼 행동하는 때가 있다. 그러나 여전히 꼬

주인과 함께 놀고 있을 때는 꼬리를 활발히 흔든다.

리는 열심히 흔들고 있다. 이런 모습을 보면 개는 천성적으로 거짓말을 못하는 동물이구나 하고 느낀다.

개가 꼬리를 흔드는 것은 '즐거움'의 표현이라고 알려져 있다. 움직임에 별 차이가 없어 보이지만 개가 느끼는 감정의 정도에 따라 꼬리를 흔드는 방법도 꽤 달라진다. 경우에 따라서는 짖으면서 동시에 꼬리를 흔들기도 한다.

의아하게 생각될 수도 있겠지만, 개는 기쁠 때만 꼬리를 흔드는 것은 아니다. 꼬리를 흔드는 방법, 꼬리의 위치 등을 달리하여 즐거움과 기쁨,

🐾 꼬리는 거짓말을 못한다

개는 자신의 감정을 꼬리로 드러낸다.
혼이 나면 꼬리를 아래로 내린다.

혼난 후 토라진 것 같은 행동을 보일 때도 있지만 그때 꼬리를 살랑살랑 흔들고 있다면 주인에게 화난 것이 아니라는 증거!

공포와 같은 다양한 감정을 표현하는데, 이와 같은 것들은 개의 감정 상태를 살피며 주의 깊게 관찰해보면 쉽게 알 수 있다.

　기분이 안정되어 있을 때는 꼬리를 아래로 늘어뜨리고 있거나 반대로 가볍게 들어 올리고 있기도 한다. 꼬리를 천천히 흔들고 있는 것은 개가 자신감을 가지고 있다는 신호. 짖으면서 꼬리를 천천히 흔드는 모습은 자신이 강하다는 것을 상대에게 강조하는 행동이다.

　반대로 불안을 느낄 때는 허리가 약간 처져 있고 꼬리는 늘어뜨린 채 몸 전체에 활기가 없다. 개가 겁을 먹었을 때는 꼬리를 둥글게 말아 뒷다리 사이에 집어넣고 머리를 숙인다. 귀를 뒤로 젖힌 채 코에 주름을 잡고 이빨을 보이며 으르렁거리는 경우는 공포심이 심해지고 있다는 신호다. 이 상태에서 조금 더 궁지에 몰리면 공격 태세를 취하게 될지도 모른다.

　기분 나쁠 때나 화가 났을 때는 급하게 꼬리를 흔든다. 상대에게 적의가 없음을 드러낼 때는 자세를 낮추고 꼬리를 내린 채 설설 기는 것처럼 넙죽 엎드린다. 벌렁 몸을 뒤집어 배를 보이는 것은 상대에게 복종한다는 의미다.

　사냥개가 목표물을 공격할 때도 꼬리는 열심히 움직인다. 사냥할 때 느끼는 기쁨이나 불안과도 같은 다양한 감정을 표현하고 있는 것이다. 한편 꼬리의 움직임은 상대편의 공격을 피해 순간적으로 몸의 방향을 바꿀 때 균형을 잡는 역할을 하기도 한다.

　달리거나 점프할 때, 헤엄칠 때의 꼬리는 요트나 보트의 키wheel와 같은 역할을 한다. 전속력으로 달리다가 급브레이크를 밟듯 순간적으로 멈춰야 할 경우, 개는 꼬리를 크게 회전시키며 몸 전체의 균형을 잡는다. 개와 함께 원반을 가지고 놀 때, 땅에 떨어지는 원반을 재빨리 낚아채려고 속도를 갑자기 줄일 경우 자주 볼 수 있는 모습이다.

개는 왜 사람을 잘 따를까?

 개와 인간이 가까워지게 된 데는 인간이 남긴 음식물이 그 계기가 되었을 것이라는 설이 있다. 인간이 남긴 음식물을 먹기 위해 개가 접근해 온 것이 그 시작이었을 것이라는 추측이다.

 인간이 개와 함께 생활하게 된 것은 약 1만 2,000년 전의 일이다. 당시의 유적에서 인간이 개를 기르고 있었다고 추정되는 흔적이 발견되었다고 한다.

 당시 개는 번견의 용도와 식용으로 인식되고 있었다고 한다. 사람을 잘 따르는 것은 물론, 낯선 것을 경계하고 주변에 위험이나 이변이 있을 때 짖어서 주인에게 알려주는 등 개가 번견으로서 보이는 능력을 알게 된 인간이 그때부터 의도적으로 개를 키우기 시작했으리라고 추측된다.

🐾 개와 인류의 만남

인간과 개의 만남은 아마도 이런 모습이었을 것이다.

🐾 개에게 가장 중요한 것은 '무리'다

 강아지가 사회성을 배우는 시기는 생후 4~12주 사이이며, 이 시기 동안 사람과의 친밀한 교류가 중요하다. 만약 그 시기를 고립 상태에서 보내게 되면, 지나치게 겁이 많고 사람을 낯설어 하는 개로 성장하고 만다.
 옛날부터 개는 무리 생활을 해왔기 때문에, 기본적으로 무리 속에서 생활하고자 하는 본능이 강하다. 그렇기 때문에 개는 함께 생활하는 '인간 가족'을 자신이 속해 있는 '무리'라고 이해한다. 무리와 함께 행동하며 자기보다 강한 존재를 무리의 리더로 인식하고 복종하는 개의 습성이 인간과 개가 함께 생활하는 데 큰 도움을 준다.
 개가 인간을 잘 따르고 인간의 명령을 잘 복종한다는 것을 알게 된 후부터 인간은 사냥에 개를 데리고 가게 되었다. 뛰어난 후각과 청각을 지

🐾 개의 역할의 변화

인간과 함께 살아가면서 개의 역할이 점점 확대되었다.
그에 따라 인간과의 관계도 점점 더 깊어져가게 되었다.

녀 사람보다 먼저 사냥감을 발견할 수 있었고, 빠른 발로 추격하거나 주인을 대신해 사냥감을 물고 오는 등 사냥에 커다란 도움을 주는 존재로 인정받게 되었다.

그 이후부터 인류는 적극적으로 개를 키우게 되었다. 그리고 보다 더 인간을 잘 따르는 유능한 개를 선택해 번식에 힘을 기울임과 동시에 훈련을 통해 개의 활용 범위를 더 넓혀나갔다.

개를 키우게 되면서 인류의 생활은 커다란 변화를 맞이했다. 포획한 초식동물 가운데 어린 새끼나 성질이 온순한 종류를 고른 후, 개를 키우는 것과 같은 요령으로 사육하기 시작한 것이다. 이것을 계기로 인류는 개를 비롯한 여러 가지 가축을 키우게 되었고, 식량도 비축할 수 있었다.

이로써 개는 가축이 도망가지 못하게 하거나 야생동물의 공격에서 가축을 보호하는 역할을 수행하기에 이른다. 이런 개의 능력 덕분에 인간은 목축의 규모를 확대하는 한편, 안정된 정착 생활을 할 수 있게 되고,

서서히 밭을 가는 농경 사회로 진입할 수 있었다.

정착 생활을 시작한 인류는 식량을 비축할 수 있게 되면서 자연스럽게 커다란 집락촌을 형성하게 되었다. 그리고 보다 많은 수확을 거둘 수 있는 좋은 땅을 차지하기 위해 집락촌 간의 세력 다툼이 벌어지면서 개는 야생동물뿐만 아니라 외부의 낯선 사람도 경계하게 되었다. 이처럼 낯선 인간을 경계하고 위험이나 이변을 알리는 개의 능력을 인간은 여태껏 적절한 곳에 활용하고 있다.

오랜 역사의 흐름 속에서 개와 인간은 밀접한 관계를 맺으며 살아왔다. 번견, 사냥개, 목양견으로 키우던 때부터 현재의 가정견에 이르기까지, 인간과 개의 관계는 보다 더 깊어져가고 있다.

번견부터 가정견까지, 개는 더 이상 인간의 생활에서 없어서는 안 되는 중요한 존재다.

개가 사람에게 복종하는 이유는?

개는 원래부터 무리 생활을 하는 동물이다. 지금 우리와 함께 살아가고 있는 개에게 무리는 바로 인간 가족이다. 무리에는 전체를 통솔하는 리더가 있기 마련이며 집단생활을 하는 개는 그 집단의 리더에게 복종하고 지시를 따르는 행동을 한다.

개가 인간을 따르는 이유에는 리더에 복종하던 습성이 깊게 관련되어 있다. 즉, 자신을 키우는 주인을 무리의 리더로서 인정하고 있는 것이다.

그런 만큼 리더의 존재는 중요하다. 개의 습성을 제대로 이해한 후 신뢰받을 수 있는 리더로서 리더십을 발휘하는 것, 이것이 개와 함께 생활

🐾 개에게는 리더가 필요하다

개는 무리를 이루어 살아가는 동물이므로 가족과 리더의 존재는 대단히 중요하다.

🐾 가족 안에서의 위치

가족 안에서 개의 위치는 가장 아래다.
가족 간의 위치가 바뀌거나 환경이 달라지면 혼란스러워하기도 한다.

해나가는 데 가장 중요한 핵심이다.

가족 안에서 개의 위치는 나이, 성별과 관계없이 가장 아래에 위치해야 한다. 가족 안에 리더가 없거나 무리의 순위가 불안정하면 개가 혼란을 일으켜 자기의 순위를 착각하는 경우도 있다.

또 리더의 지시가 우유부단하거나 불합리한 것을 강요하면 심리적으로 불안해진 개가 여러 가지 문제 행동을 일으킬 가능성도 있다.

개는 리더에게 칭찬받으면 기쁨을 느낀다. 리더에게 복종함으로써 자신이 무리에 속해 있다는 안도감을 얻는다. 따라서 개에게 지시할 때는 명확하고 차분한 말투와 의연한 태도로 대하는 것이 중요하다.

몇 번이나 같은 말을 반복하면 개는 혼란을 일으킨다. 한 번의 명령으로 확실하게 그 지시를 실행할 수 있도록 해야 한다. 개를 물리적으로 제

어해서는 안 되며, 애정으로 대해야 한다. 무엇보다 중요한 것은 개에게 신뢰를 받는 일이다.

그러기 위해서는 산책이나 공놀이 등 놀이를 통한 커뮤니케이션이 필요하다. 이때 놀이의 시작과 끝은 주인이 결정해야 한다. 매일 조금씩 스킨십의 시간을 가지게 되면 주인에 대한 신뢰감과 복종심이 고양된다.

개의 입 주변이나 넓적다리의 안쪽 부분, 꼬리의 끝, 발끝 등의 급소를 만져주면 개는 자신이 지배되고 있다고 느낀다. 그러므로 신뢰할 수 없는 사람이 급소를 만지려고 하면 개는 몸을 피하거나 싫어한다.

급소 부분을 만져도 개가 긴장하지 않고 얌전하다면 그 사람을 리더로서 인정한다는 증거다.

개의 급소는 어디일까?

🐾 리더의 역할

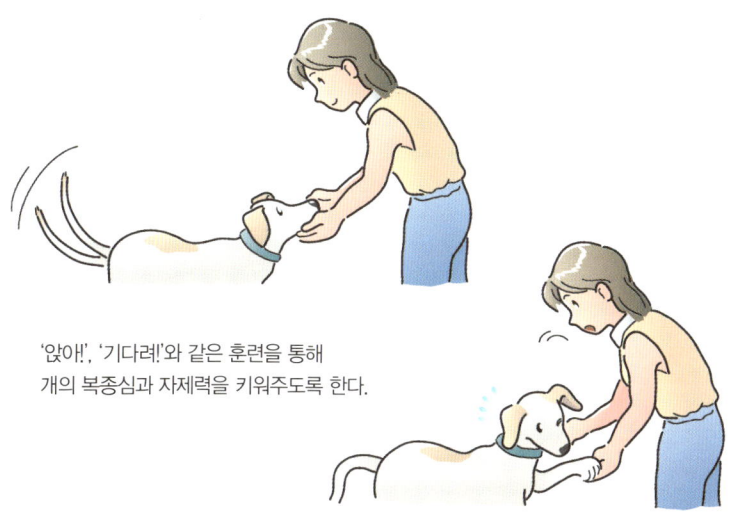

'앉아!', '기다려!'와 같은 훈련을 통해 개의 복종심과 자제력을 키워주도록 한다.

또한 어떤 경우에서도 '앉아!', '기다려!'와 같은 지시를 따를 수 있도록 개를 교육시킨다면, 개의 복종심과 자제력을 향상시킬 수 있어 보다 더 훌륭한 공동생활을 해나갈 수 있다.

주인과 개 사이의 신뢰를 바탕으로 한 원활한 커뮤니케이션은 개의 이해 능력을 향상시켜주고 행동 능력을 발달시켜주는 좋은 방법이기도 하다.

개의 지능지수는 얼마일까?

개의 지능은 인간으로 치면 3~4세 정도의 수준이며, 그중 인지력과 문제 해결 능력은 2세 정도의 수준이라고 한다.

확실히 생후 수개월 된 강아지의 행동을 보면 어린아이의 행동과 많이 닮아 있다. 차에 타면 창문에 얼굴을 바짝 붙인 채 바깥 풍경을 열심히 바라보기도 하고, 넓은 장소에 데려다놓으면 여기저기 열심히 뛰어다닌다. 뭐든지 갖고 싶어 하는 점이나 금세 흥분해서는 소란스럽게 굴고 별안간 큰 소리를 내는 등 그 행동을 예측하기가 힘들다는 점도 강아지와 어린아이 사이의 공통점이다. 하지만 오랫동안 인간과 함께 살며 성장한

개의 지능은 어느 정도일까?

생후 수개월 된 강아지의 행동은 어린아이가 보이는 행동과 흡사하다. 성견이 되고 학습 능력이 높아지면 4세 어린아이보다 높은 지능을 보이며 경우에 따라서는 5~7세 정도의 지능을 가지는 개도 있다.

강아지

성견

성견은 차분한 성격으로 바뀌며 학습 능력도 높기 때문에 4세 아동보다 높은 지능을 보이기도 한다. 경우에 따라서는 5~7세 정도의 능력까지 가능하다.

독일의 한 연구 단체의 발표에 따르면, 아홉 살짜리 보더콜리가 약 250개의 단어를 이해했다고 한다. 참고로 미국의 연구에 의하면, 보통의 건강한 아이일 경우 세 살이 될 때까지 약 700개의 단어를 이해할 수 있다고 한다.

개에게는 인간처럼 추상적인 것들을 연관시켜 사고하는 능력이 없다. 그래서 개의 지능은 학습 속도와 더불어 학습한 내용을 행동으로 옮길 수 있는지에 의해서 평가된다. 언어의 구체적인 의미를 이해하지 못한다고 해도 그 언어에 숨겨진 주인의 감정을 이해하는 것은 가능하다.

『개의 지능 The Intelligence of Dogs』의 저자인 스탠리 코렌은 개의 지능을 세 가지로 구분한다. 첫째, 환경에 적응하기 위한 지능(학습 및 문제 해결 능력), 둘째, 유전자로 전해 내려온 본능적 지능, 셋째, 인간의 지시를 따르기 위한 복종 지능이 바로 그것이다.

심리학 박사이며 트레이너이기도 한 그는 작업 및 복종 지능에서 적정한 데이터를 모아 133종류의 견종에 순위를 매겨놓았다. 개의 지능을 살펴보는 데 기준이 되어주는 자료라고 할 수 있다. 1위부터 79위까지의 순위 중 10위까지만 살펴본다.

1위 보더콜리 Border Collie
2위 푸들 Poodle
3위 저먼 셰퍼드 도그 German Shepherd Dog
4위 골든 레트리버 Golden Retriever

5위 도베르만 핀셔 Dobermann Pinscher

6위 셰틀랜드 시프도그 Shetland Sheepdog

7위 래브라도 레트리버 Labrador Retriever

8위 파피용 Papillon

9위 로트와일러 Rottweiler

10위 오스트레일리언 캐틀 도그 Australian Cattle Dog

기억력이 좋은 사람도 있고 나쁜 사람도 있듯, 개 역시 마찬가지다. '기다려!'라는 지시나 대소변을 가리게 하는 교육을 단시간에 터득하는 개가 있는가 하면 몇 달이 걸리는 개도 있다. 성격이 산만한 개는 다른 개보다 더 끈기를 가지고 훈련시켜야 한다. 지적 능력이 떨어져서라기보다는 지시 사항을 습득하는 데 시간이 다소 더 많이 필요할 뿐이다.

개는 감정이 풍부한 동물로, 학습 능력이 뛰어나고 여러 가지 다양한 것들을 이해한다. 조니의 경우, 내가 TV를 보느라 정신이 팔려 있으면 관심을 끌기 위해 일부러 다리를 절며 꾀병을 부리는 경우도 있다.

지능 면에서 1위로 뽑힌 보더콜리는 실제로도 매우 영리하며 사람의 기분이나 감정에 대단히 민감하게 반응한다. 그런 까닭에 주인이 어떻게 하느냐에 따라 우울한 성격이나 신경질적인 성격으로 변하기도 하고 공격적인 성향을 드러내는 경우도 있다. 그러므로 중요한 것은 개의 지능이 아니라 개를 키우는 사람이 어떻게 하느냐에 달려 있다.

혹시 자신이 키우고 있는 견종이 지능지수 랭킹 10위 안에 들어 있지 않다고 실망할지도 모르겠다. 하지만 이런 식의 테스트 결과와는 상관없이 누구든 자기가 키우는 개가 세상에서 가장 예쁘기 마련이다. 걱정 말고 애정을 쏟아주시라.

개의 IQ 진단 등 개의 지적 능력에 대한 관심이 높아지고 있는 이유는 자신의 개가 얼마만큼의 능력을 갖추고 있는지 확인하고 싶기 때문일 것이다. 하지만 그 결과가 기대에 못 미친다고 하더라도 개에 대한 애정은 바뀌지 않을 것이다. 어쩌면 이런 현상은 사랑하는 반려견과의 커뮤니케이션을 즐기고 싶은 마음의 여유에서 비롯된 것일지도 모르겠다.

🐾 훈련은 끈기 있게 한다

똑같은 '기다려!'의 지시라도
금세 습득하는 개와 그렇지 못한 개가 있다.

견종에 따라서도 학습 속도가 달라지므로
끈기 있게 같은 훈련을 반복하는 것이 중요하다.

개의 기억력은 어느 정도일까?

개는 기억력이 아주 좋다. 칭찬받았던 일, 즐거웠던 일, 혼났던 일, 무서웠던 일, 좋아하는 사람이나 개, 싫어하는 사람이나 개 등 강아지 때부터 여러 가지 것들을 엄청난 속도로 자신의 기억 창고 속으로 흡수한다.

비록 한 번일지라도 괴롭힘을 당한 기억이 있으면, 그 사람을 만날 때마다 짖는 것으로 자신의 감정을 표현한다. 또 동물 병원에서 힘들게 치료받은 기억이 있으면 그곳에 가는 것만으로도 잔뜩 주눅이 들기도 한다. 같이 생활하던 사람과 몇 개월을 떨어져 지낸 후 다시 만나도 금세 얼굴을 기억해내고는 열광적인 환영 의사를 보이기도 한다. 특히 맹인안내견의 경우, 강아지 때 자신을 돌봐주던 퍼피 워커(강아지 때 맡아 기르며 맹인안내견의 교육을 하는 자원봉사자_옮긴이) 가족들과 10년 만에 만나도 그들의 얼굴을 똑똑히 기억해낸다. 개는 '3일 동안 자기를 키워준 은혜를 잊지 않는다'는 옛말에서 볼 수 있듯, 자신이 좋아하는 사람을 기억하는 능력이 대단하다. 즉, 애정에 깊이 반응하는 동물인 것이다.

내가 개를 키우면서 가장 행복할 때는 집에 돌아왔을 때 기뻐하며 환영해줄 때다. 외출에서 돌아왔을 때는 물론, 잠시 다른 방에 있다가 거실로 나온 것만으로도 조니는 꼬리를 열심히 흔들며 반겨준다. 조금 전에 만난 사실을 벌써 잊어버렸나 싶을 정도로 일일이 열성적으로 재회를 기뻐해준다.

그러나 한편으로는, 간식을 숨겨둔 장소를 잊어버리는 개도 있다. 도

대체 개의 기억력이란 어느 수준까지 와 있는 것일까?

　반려견 교육 책을 보면 개는 지나간 일로 혼나거나 지적당하면 이해하지 못하는 경우가 있다고 한다. 예를 들어 아무 데나 오줌을 싸놓은 것을 보고 주인이 화내도 개는 주인이 왜 화내는지 이해하지 못한다. 오줌

🐾 개의 기억력

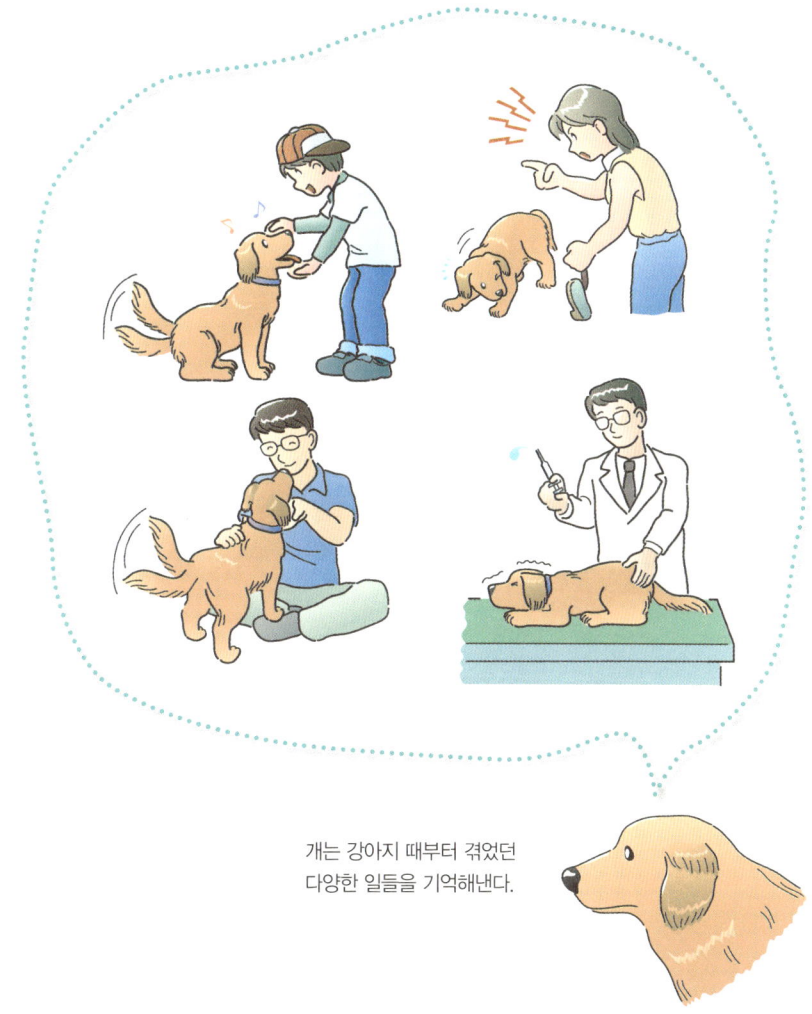

개는 강아지 때부터 겪었던 다양한 일들을 기억해낸다.

을 싸놓은 곳에 개를 데리고 가서 냄새를 맡게 한 후 '안 돼!'라며 주의를 줘도 문제를 일으킨 바로 그 순간이 아니라면 자신이 지적당하는 이유를 명확하게 이해하지 못한다. 과거의 일을 잘 기억하는 동물이기는 하지만, 어쩌면 개에게 가장 중요한 것은 현재일지도 모른다. 그래서 조금 전에 있었던 일도 금세 잊어버리는지 모를 일이다.

개의 능력 중 가장 출중한 부분인 후각 능력은 기억력에 큰 영향을 미친다. 사람이 타인의 얼굴이나 외모, 이름 같은 것으로 각각을 구별하는 것처럼 개는 각자 다른 냄새로 서로를 구별한다. 다른 개와 만났을 때 항문 주위의 냄새를 열심히 맡는 이유 또한 냄새로 서로의 정보를 교환하

🐾 개와 인간의 서로 다른 기억 방법

사람은 얼굴이나 외모, 이름과 같은 정보로 서로를 구별하지만 개는 냄새로 서로를 구별한다.

🐾 주인의 냄새를 특히 좋아한다

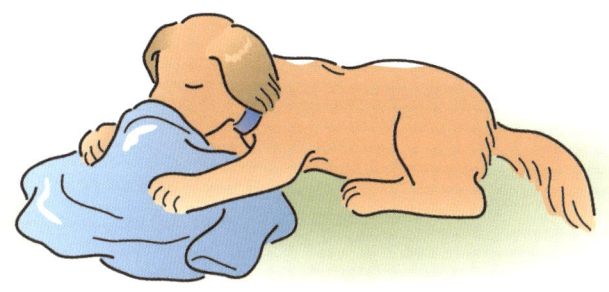

개는 자신이 신뢰하는 사람의 냄새를 좋아한다.
주인의 냄새가 밴 옷에 집착해 너덜너덜하게 만드는 경우도 있다.

고 있기 때문이다. 개가 특히 좋아하는 것은 주인의 냄새로, 주인의 냄새가 밴 신발이나 옷을 좋아하는 이유도 그 때문이다.

반대로 자기가 모르는 냄새에 대해서는 경계심과 공포심을 보인다. 이처럼 개는 냄새에 관련해 뛰어난 기억력을 가지고 있다. 매일 생활하는 가운데 온갖 냄새를 맡아가며 기쁨과 무서움, 즐거움 등 다양한 감정을 기억해간다.

수백 킬로미터 떨어진 곳에서 몇 날 며칠을 헤매가며 가족이 있는 집으로 돌아온 개에 대한 이야기를 들어본 적이 있을 것이다. 그 먼 거리에서 개는 어떻게 집에 돌아올 수 있었을까? 동물행동학자의 말을 빌리면, 개에게도 철새와 마찬가지로 체내 시계와 생체 자석이 있어 그것으로 방향을 판단한다고 한다. 그래서 그 먼 거리에서도 집을 찾아 돌아올 수 있었던 것이다. 머나먼 집을 향해 걸어가면서 혹시 가족과 보냈던 즐거운 기억을 떠올리고 있는 것은 아닐까 생각해 본다.

개의 시력은 얼마일까?

개에게 사람과 동등한 시력 검사를 하는 것에는 무리가 따르기 때문에 개의 시력을 1.0 혹은 0.1처럼 확실한 수치로 말하기는 어렵다.

개의 시각은 인간에 비해 세부적인 부분을 구분하는 능력 면에서 떨어진다. 개는 원래부터 근시안이기 때문에 초점을 맞추는 능력이 약한 동물이다. 인간의 표준 시력을 1.0이라고 봤을 때 개의 시력은 0.3 정도라고 말할 수 있다.

🐾 개의 시력은?

인간의 표준 시력을 1.0이라 했을 때 개의 시력은 0.3 정도다.

또한 색깔을 식별하는 능력도 떨어진다. 주로 검은색, 흰색, 회색과 같이 색의 짙고 옅은 정도에 따라 서로 다른 색임을 구별한다고 알려져 있다. 즉, 개가 바라보고 있는 세상은 흑백의 초점이 맞지 않아 흐릿한 모습이라는 말이 된다. 이렇듯 개는 색을 구별할 수 없다는 설이 일반적이었으나 최근 연구 결과에 따르면 삼원색, 즉 노란색, 빨간색, 파란색의 구별은 가능하다는 보고도 있다.

목양견이나 사냥개는 특히 동체시력이 발달해 있다.

그러나 움직이고 있는 사물을 인식하는 동체시력動體視力은 인간에 비해 발달해 있다. 사냥개나 목양견의 경우, 1,500m 앞에서 손 흔드는 사람의 움직임을 알아차릴 정도라고 하며, 넓은 평원에서는 더 먼 곳에 있는 사냥감도 발견할 수 있다고 한다.

특히 개의 안구는 광량이 부족한 곳에서도 많은 빛을 받아들일 수 있는 구조로 되어 있다. 따라서 어두운 곳에서는 인간보다 훨씬 더 잘 볼 수 있다.

여담이지만, 갑작스럽게 개가 집이나 마당의 어두운 구석을 보고 짖는 것을 본 적이 있는가? 사람 눈에는 아무것도 보이지 않으니 이상하다는 생각이 들기도 한다. 하지만 사람에게는 보이지 않아도 개의 눈에는 보이는 게 있을지도 모른다. 사람이 알아차리기에는 너무 작은 벌레나 동물 같은 것들에 반응을 보이는 것일 수도 있다. 개는 인간과는 비교할 수 없을 정도의 예리한 오감을 동원해 주변의 것들을 감지하는 동물이다.

인간의 시야가 160~180도 정도인 것에 비해 개의 시야는 견종과 눈의

🐾 개는 사람보다 넓은 곳을 본다

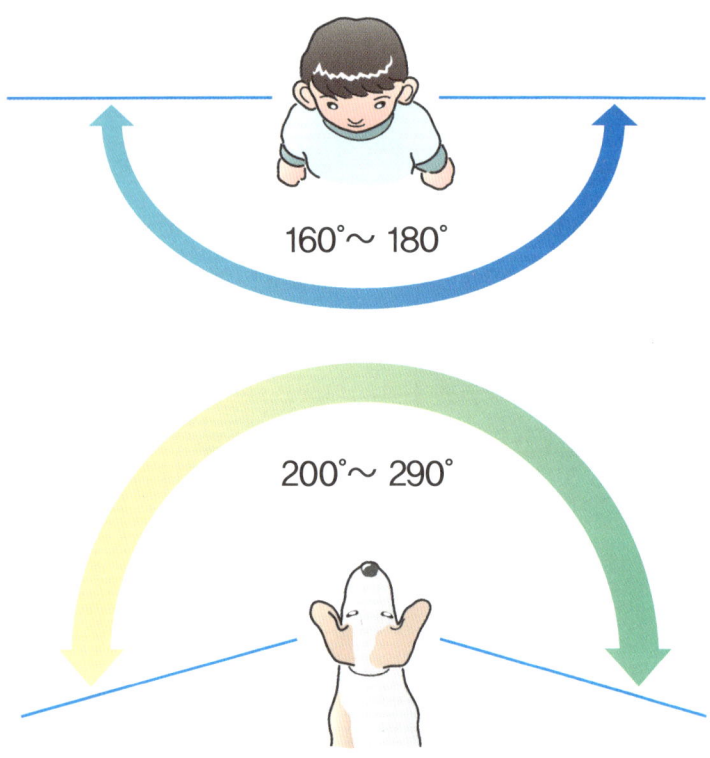

개는 사람보다 시야가 훨씬 넓어 200~290도까지 볼 수 있다.
하지만 견종에 따라 큰 차이를 보인다.

위치에 따라 달라지기는 하지만 200~290도 정도로 넓다. 특히 머리 폭이 좁은 견종의 경우 보다 더 넓은 시야를 확보할 수 있다.

평원처럼 넓은 가시거리가 보장되는 장소에서 활동하는 사냥개의 경우에는 시각이 더욱 발달해 있다. 그러나 숲 속의 토끼나 여우 사냥에 동원되는 비글의 경우, 발자국의 냄새를 맡아 쫓아가는 등 주로 후각에 의존해 목표물을 쫓는 사냥개이기 때문에 시각이 별로 발달되어 있지 않다. 반대로 여우나 족제비 사냥에 뛰어난 테리어는 목표물의 움직임에 반응하고 공격하는 습성을 가진 사냥개이기 때문에 동체시력과 반사 신경이 보다 발달되어 있다. 이와 같이 개의 시력은 견종에 따라서도 큰 차이를 보인다.

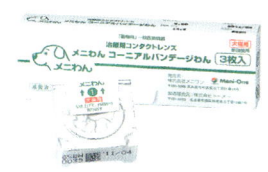

반려견을 위한 치료용 콘택트렌즈

후각이나 청각이 발달해 있는 개는 냄새나 소리로 정보를 얻는다. 그러나 그 외에도 귀나 꼬리의 움직임, 얼굴의 표정 변화로 서로 간의 의사와 감정을 전달하는 보디랭귀지도 발달해 있기 때문에 후각이나 청각만큼 시각이 하는 역할도 크다고 할 수 있다.

참고로 반려견용 안경은 없어도 반려견용 콘택트렌즈는 시판되고 있다. 콘택트렌즈라고 해서 사람들이 사용하는 컬러 콘택트렌즈 같은 멋내기용은 아니다. 상처 입은 각막을 보호하기 위한 반려견용 제품이다. 또 백내장으로 수정체가 탁해졌을 때 저하된 시력을 보정하는 역할을 해주는 렌즈도 있다.

개의 후각이 발달한 이유는?

개가 후각이 뛰어나다는 것은 잘 알려져 있는 사실이다. 개는 목표물이 시야에서 사라지면 지면에 코를 문지르는 것처럼 신중히 행동하며 여러 냄새 가운데 목표물의 냄새를 찾아낸다. 그리고 남겨진 냄새를 따라 목표물이 있는 곳까지 찾아가는 것이 가능하다.

무리 가운데 후각 능력이 특출한 개는 다른 개보다 한발 빨리 사냥감을 발견할 수 있었고, 이런 이유로 무리의 리더가 될 수 있었다. 무리의 리더가 가진 훌륭한 후각 능력은 다음 세대로 점점 유전되었으며, 이를 통해 개의 뛰어난 후각 능력이 정착했다고 말할 수 있다.

후각이란 말 그대로 냄새를 느끼는 감각이다. 비강鼻腔(콧구멍부터 목젖까지의 빈 공간_옮긴이)의 깊은 곳에 위치한 후각 상피(코 내부에 점액으로 둘러싸인 세포 층_옮긴이)에는 후세포嗅細胞라 불리는 세포가 있으며, 공기 중의 입자가 코 안으로 들어가면 이 후세포를 자극하게 된다. 후세포가 자극받아 보내는 신호를 후각 상피가 감지하고 뇌로 전달하게 되는데, 이 과정을 통해 냄새를 인지하게 된다.

냄새를 맡는 능력은 코 안 후각 상피의 넓이와 후세포의 개수로 결정된다. 개는 인간에 비해 코의 길이가 길어서 비강의 넓이 또한 인간보다 넓고, 넓은 비강 속에는 더 많은 숫자의 후세포가 분포되어 있다. 인간에 비해 더 많은 주름으로 이루어져 있는 개의 후각 상피는, 그 표면적을 비교했을 때 인간의 10~50배 정도 더 넓다. 그리고 인간이 약 500만 개의

🐾 개가 냄새를 잘 맡는 이유

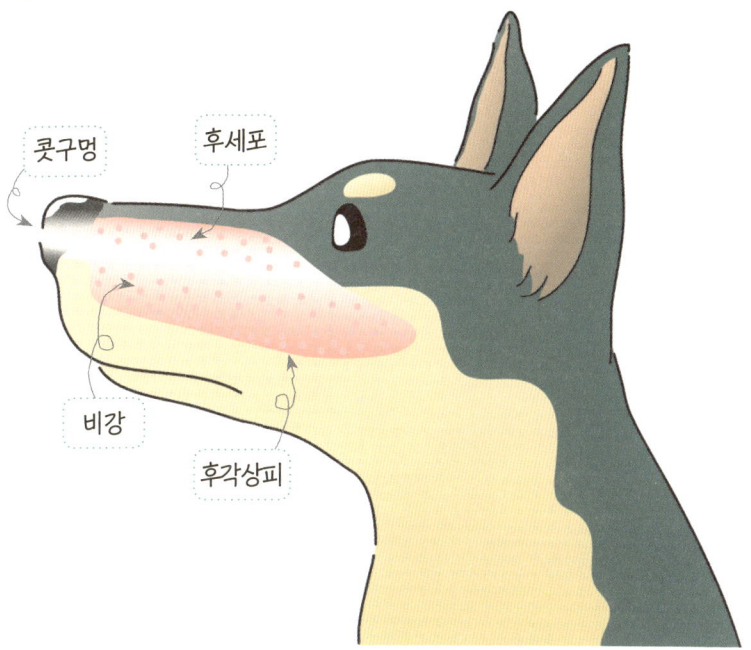

개는 인간에 비해 코의 길이가 길고 비강도 길어 다수의 후세포가 분포되어 있다. 더구나 후각 상피의 표면적은 인간보다 10~50배 더 넓고 후세포의 수도 40배 이상 더 많다.

후세포를 가지고 있는 것에 비해 개는 2억 개 정도의 후세포를 가지고 있다. 그렇기 때문에 공기 중의 냄새에 보다 강한 자극을 받는다.

세포의 수나 표면적에서만 차이가 나는 것은 아니다. 하나의 후세포가 냄새를 감지하는 감도感度 또한 인간보다 훨씬 민감하다. 예를 들어 땀의 성분을 냄새로 구별하는 능력을 비교한다면 인간의 100만~1억 배에 이른다고 한다. 그 때문에 개는 인간이 느끼지 못하는 희미한 냄새에도 민감하게 반응할 수 있다.

그리고 개의 코끝은 냄새를 맡기 쉽도록 항상 젖어 있다(p.60 참조).

개는 남겨진 냄새를 맡는 것만으로도 냄새의 주인공이 어느 쪽에서 와서 어느 쪽으로 가고 있는지, 암컷인지 수컷인지, 성견인지 강아지인지 알 수 있다고 한다.

🐾 개는 냄새로 상대를 이해한다

개는 직접적인 냄새나 남겨진 냄새로 상대편에 대한 정보를 얻는다.

처음 만난 개들끼리 서로 냄새를 맡는 이유는 냄새 속에서 정보를 얻어 서로를 더 잘 알기 위해서다.

산책 도중에 다른 개와 만나면 개들은 서로 킁킁거리며 엉덩이 부근의 냄새를 맡는다. 이유는 항문선肛門線(특유의 냄새나 악취를 분비하는 선. 동물의 항문 근처에 있다_옮긴이)에서 나는 냄새로부터 나이와 성별 같은 정보를 모으기 위해서다.

이처럼 개의 뛰어난 후각 능력을 잘 살려 활용하고 있는 것이 경찰견이다. 경찰견은 특정 사람이 남긴 유류품의 냄새를 맡고 기억한 후 지면이나 건물, 수풀 등지에 남아 있는 냄새의 흔적을 따라가며 추적해나간다. 그 외에도 마약탐지견, 재해구조견, 산악구조견, 지뢰탐지견 등으로도 맹활약 중이다.

인간은 시각, 촉각, 청각, 미각, 후각의 다섯 가지 감각 가운데 80% 이상을 시각에 의존하고 있다. 한편 개의 경우에는 후각이 40% 이상을 차지하고 있어, 시각보다 냄새나 소리에 의한 정보가 더 중요하다. 원래 야행성이었던 개는 냄새 맡는 행위를 통해 어떻게 행동해야 할지 판단했다고 하니, '코로 생각하는 동물'이라 할 수 있다.

얼마나 먼 곳까지 냄새를 맡을까?

앞서 살펴보았듯, 개의 능력 중 가장 뛰어난 것은 후각이다. 인간이 500만 개의 후세포를 가지고 있는 것에 비해 개는 2억~30억 개의 후세포를 가지고 있다.

희로애락의 감정은 물론 성적인 흥분 역시 냄새의 자극에 의해 일어난다. 키우는 개가 발정기를 맞을 때마다 이웃집의 수컷이 집 앞으로 찾아온다는 이야기를 친구에게 들은 적이 있다. 발정기에는 외출을 시키지 않았는데도 1km 이상 떨어진 집의 수캐는 바람에 날아든 냄새를 맡고 발정기임을 알아차린다. 흥분한 수컷은 여러 가지 위험을 무릅쓰고 필사적으로 집을 뛰쳐나와 냄새를 쫓아오게 된다(교통사고 등의 위험이 있으므로 발정기 때는 주의가 필요하다).

그 정도로 수컷은 발정기의 냄새에 민감하며, 발정 중인 암컷에 대한 집념도 강하다. 수컷은 발정한 암컷의 냄새를 도대체 어느 정도 멀리 떨어진 곳에서도 알아차릴 수 있을까?

일반적으로 개의 후각은 인간보다 1억 배가 뛰어나다고 한다. 냄새에 대한 감도는 개의 나이와 견종에 따라 다르지만 대체로 반경 1~2km의 냄새는 물론, 경우에 따라서는 10km 이상 떨어진 곳에서 발정기를 맞이한 암컷의 냄새에도 반응을 보인다고 한다. 물론 냄새가 어느 방향에서 날아오는지도 인식 가능하다.

냄새의 종류에 따라서 민감한 반응을 보이기도 하고 반대로 둔감한 반응을 보이기도 하지만, 그중에서 발정 중에 풍기는 암컷의 냄새에 가장 강렬한 반응을 보인다.

평상시 얌전한 수컷이라도 발정한 암컷의 냄새를 맡게 되면 돌연 행동에 변화를 일으킨다. 몇 시간 동안 계속 울기도 하고, 갑자기 맹속력으로 달려 나가거나, 거칠게 날뛰기도 하며, 저돌적으로 돌진해 쏜살같이 도망가기도 한다.

🐾 놀랄 만한 개의 후각

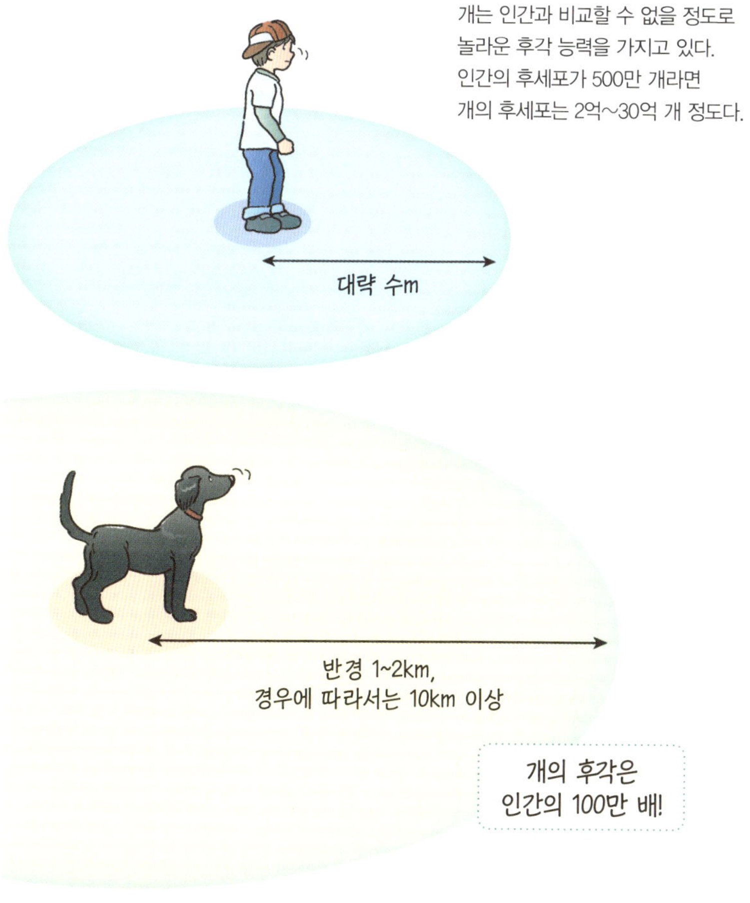

개는 인간과 비교할 수 없을 정도로 놀라운 후각 능력을 가지고 있다. 인간의 후세포가 500만 개라면 개의 후세포는 2억~30억 개 정도다.

대략 수m

반경 1~2km,
경우에 따라서는 10km 이상

개의 후각은
인간의 100만 배!

우리 집 반려견 조니에게도 비슷한 일이 있었다. 아직 기력이 왕성했던 시절 발정기의 암컷 냄새에 흥분한 조니는 끙끙거리는 소리를 내며 담을 타고 넘어서는 결국 암컷이 있는 곳으로 도망가고 말았다. 다행히 무사히 돌아오긴 했지만 말이다. 이런 조니의 예로 봐도 개가 수㎞나 떨어진 곳의 냄새를 맡을 수 있다는 이야기는 사실이라는 것을 알 수 있다.

🐾 냄새가 행동의 변화를 가져오기도 한다

아쿠트 넷 AQUTNET에서
반려인에게 물었습니다

Research

당신이 키우고 있는 개는 어떤 견종입니까?

이 책을 기획 중이던 때, 아쿠트 넷AQUTNET에서 실시한 설문 조사. 순종의 경우 가장 많았던 것은 역시 미니어처 닥스훈트로, 여전히 그 인기가 지속되고 있다. 그러나 여기서 재미있는 사실은 믹스견(잡종견)을 키우고 있는 사람의 수가 닥스훈트의 두 배 이상이나 된다는 점이다. 여러 개의 장점이 섞여 있어 건강한 믹스견은 키우는 재미 또한 순종견 못지않은가 보다.

순위	견종	%
1위	믹스견	29.7
2위	미니어처 닥스훈트 Miniature Dachshund	12.3
3위	치와와 Chihuahua	7.1
4위	시추 Shih Tzu	5.9
5위	토이 푸들 Toy Poodle	4.1
6위	요크셔 테리어 Yorkshire Terrier	3.9
7위	래브라도 레트리버 Labrador Retriever	3.4
8위	비글 Beagle	3.1
9위	몰티즈 Maltese	3.0
10위	웰시 코기 Welsh Corgi	3.0
11위	포메라니안 Pomeranian	2.7
12위	골든 레트리버 Golden Retriever	2.5
13위	셰틀랜드 시프도그 Shetland Sheep dog	2.2
14위	파피용 Papillon	2.1
15위	카발리에 킹 찰스 스패니얼 Cavalier King Charles Spaniel	1.4

조사 기간 2006년 9월 6일~9월 16일

코는 왜 항상 젖어 있을까?

개의 코는 늘 촉촉할 정도로 젖어 있다. 그 이유는 두 가지다. 첫 번째는 후각을 민감하게 유지하기 위해서다.

공기 중에는 냄새의 최소 단위인 미립자가 떠다닌다. 이것이 호흡을 할 때 콧속으로 들어와 냄새를 느낄 수 있는 것이다. 공기 중의 냄새를 구별하기 위해서는 콧구멍 속의 점막에 냄새의 미립자를 붙잡아두어야 한다. 이때 점막이 촉촉이 젖어 있으면 미립자를 잡아두기 쉽기 때문에 개는 항상 코가 적당히 젖어 있는 상태를 유지하는 것이다. 냄새가 날아오는 방향 또한 젖은 코를 이용해 알아차릴 수 있다.

코가 젖어 있는 두 번째 이유는 개 스스로 자신의 코를 혓바닥으로 핥기 때문이다. 사람과 마찬가지로 개의 코 또한 눈물샘(안구 위쪽에 있는 눈물을 분비하는 선)과 연결되어 있다. 그 때문에 콧구멍은 끊임없이 분비물(눈물)을 분비하고 있으며, 개의 코가 항상 젖어 있는 이유도 이 점액 때

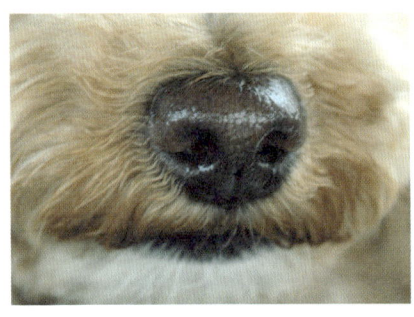

건강한 개의 코는
늘 촉촉하게 젖어 있다.

🐾 개의 코가 젖어 있는 이유

점액으로 후각을 민감하게 하기 위해
코를 촉촉하게 유지한다.

콧구멍 안쪽에
점막이 있다.

습기를 유지하기 위해
스스로 코를 핥는다.

개에게 후각은 필수 불가결한 중요 기능이며,
이때 코가 촉촉하면 빨아들이는 공기의 습도도 올라가 냄새를 맡기가 쉬워진다.

문이다. 단, 개가 잠들어 있을 때는 이 눈물의 분비가 억제되기 때문에 코도 건조해진다. 따라서 잠에서 깨어난 개는 코를 핥아 습기를 보충한다. 잠자는 동안 둔감해진 후각을 깨워 상쾌한 기분을 느끼고 냄새를 맡는 데 지장이 없도록 하는 것이다. 아마도 사람이 아침에 일어나 세수하는 것과 비슷한 맥락의 행위가 아닐까.

이 밖에도 개에게 코는 매우 중요한 역할을 담당한다. 나의 개 조니의 경우, 나이 든 후 시각과 청각의 기능은 저하되었지만 후각만큼은 여전히 남아 있어 그것에 의존해 일상생활을 해나가고 있다. 개에게는 땀샘이 없기 때문에 체내의 수분을 조절하는 역할 또한 코가 맡고 있다. 개는 코로 숨을 들이마신 후 입으로 내뱉는데, 이때 뜨거운 공기는 코를 통과하는 동안 적당한 온도로 식혀져 체내로 흡수된다.

코의 상태를 살피면 개의 건강을 점검할 수 있다. 코가 촉촉하게 젖어 있고 광택이 나면 개가 건강하다는 증거이며, 반대로 병에 걸려 체내의 균형이 무너지면 코가 건조하게 된다. 즉, 코가 말라 있는 것은 건강에 이상이 있다는 표시다. 코를 만졌을 때 열기가 느껴지고 표면이 건조하다면 몸에서 열이 나고 있을 가능성도 있다. 코 표면이 벗어져 있거나 콧물이 흐를 때도 세심한 주의가 필요하다. 특히 어린 강아지가 고름 상태의 콧물을 흘리고 있다면 홍역에 감염되었을 가능성이 크다.

🐾 코를 보면 건강 상태를 알 수 있다

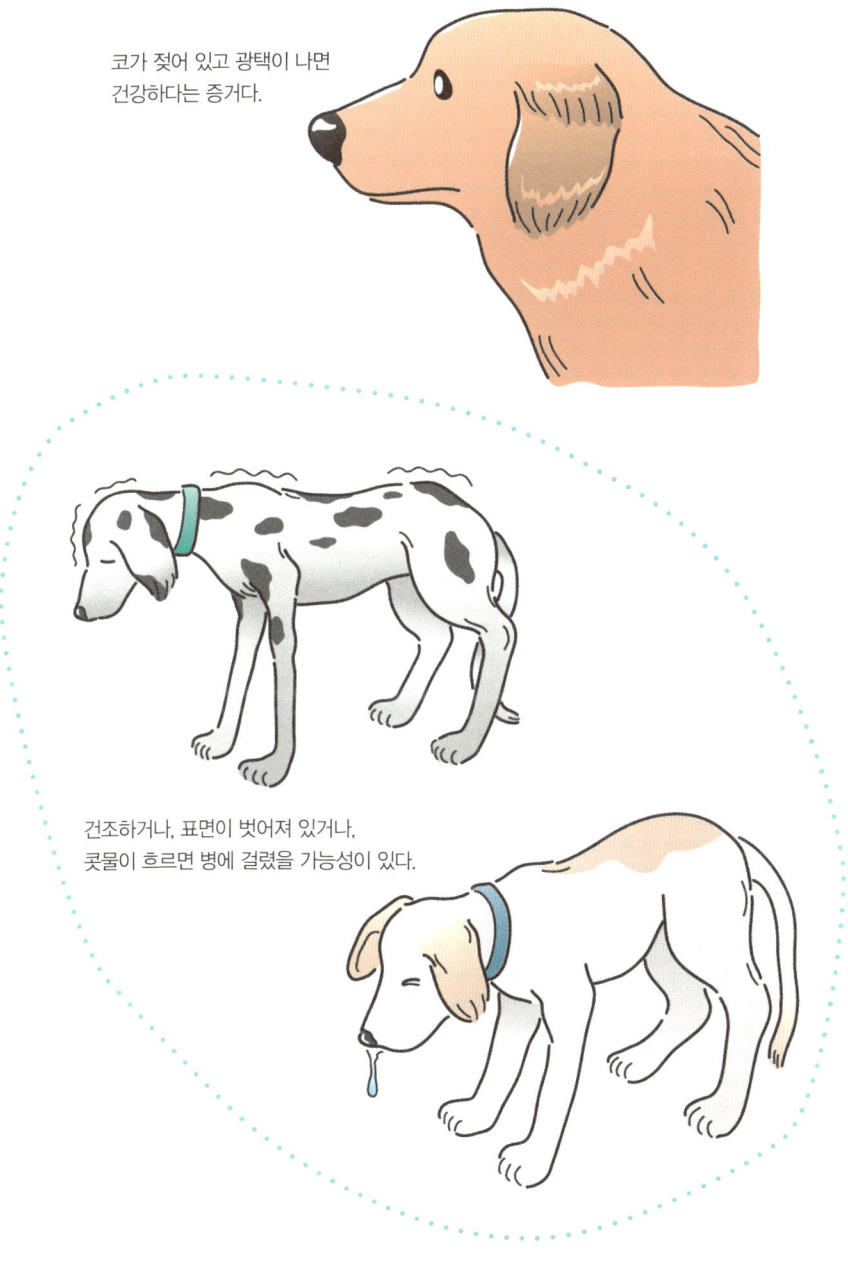

코가 젖어 있고 광택이 나면 건강하다는 증거다.

건조하거나, 표면이 벗어져 있거나, 콧물이 흐르면 병에 걸렸을 가능성이 있다.

개는 어떻게 사람을 식별할까?

 사람은 얼굴과 이름으로 서로를 구별한다. 그렇다면 개는 어떤 방법으로 사람을 식별할까?

 인간과 같은 영장류는 진화 과정 속에서 시각의 발달과 더불어 후각 기능은 쇠퇴하게 되었다. 사물을 눈으로 식별하는 능력은 우수해졌지만 냄새를 식별하는 능력은 반대로 퇴화한 것이다.

 이와 반대로 개는 색깔을 구분해내는 시각적 능력이 발달하지 못한 대신 후각적 능력이 진화 과정 속에서 연마되어왔다고 할 수 있다. 그러므

개는 냄새로 사람을 식별한다

개는 땀 냄새를 감지하는 뛰어난 능력으로 사람을 식별한다.

주인이 외출에서 돌아오는 것을 알아채고 개가 짖기 시작하는 것은 멀리서 나는 주인의 냄새를 맡았기 때문이다.

로 후각이 발달한 개는 시각보다는 냄새로 사람을 식별한다. 특히 땀 속에 포함되어 있는 휘발성 지방산을 감지하는 능력이 탁월하다. 코 내부의 냄새 감지 센서가 발달해 있기 때문에 아주 미약한 냄새라도 식별할 수 있으며, 거의 정확하게 그 냄새를 구별해내는 것이 가능하다.

특히 주인의 냄새에 민감하다. 나이 든 이후 시력이 나빠진 조니는, 후각을 이용해 내가 외출에서 돌아오는 것을 누구보다 먼저 알아차린다. 혼자 집을 지켜야 할 때 가족의 냄새가 밴 옷이나 물건을 조니 곁에 두면 그 전보다 훨씬 차분해진다. 좋아하는 사람의 냄새를 맡으면 안심이 되기 때문일 것이다.

남자를 경계하거나 아이들을 싫어하는 개도 있다. 대부분 여자 혼자 개를 키우는 경우로, 남자나 아이들을 접할 기회가 적었기 때문이다. 자신이 알지 못하는 남자나 아이들의 냄새에 경계심을 느끼는 것이다.

호기심이 강한 개는 처음 만나는 사람이라도 상대의 몸에서 나는 냄새를 활발히 맡으며 그 사람에 대한 정보를 모으려고 한다. 또한 이전에 만난 적이 있는 사람이라면, 같은 냄새를 다시 맡았을 때 그 냄새의 정보를 오랫동안 기억한다.

인간의 1억 배라고 추정되는 개의 후각은 사냥할 때는 물론, 경찰견, 마약탐지견, 재해구조견 등 다양한 분야에서 그 역할을 충실히 해낸다. 이제는 의료 분야에서까지 개의 후각을 활용하고자 하는 움직임이 보이고 있다. 예를 들면 암세포의 경우 특수한 냄새를 내는 화학물질을 합성하는 특성이 있기 때문에, 개의 후각을 이용해 암세포의 존재 여부를 식별하는 것이 가능하다고 한다. 영국의 한 연구 기관에서 방광암 환자와 일반인의 오줌 샘플을 이용해 실험한 결과, 41%의 확률로 암 환자의 오줌 샘플을 식별할 수 있었다고 한다.

또 키우던 개 덕분에 주인의 암이 조기 발견된 예도 있다. 이전부터 주인의 몸 한 부분에만 유독 집착하며 냄새를 맡는 개의 행동을 의아하게 생각한 주인이 병원에서 진료를 받았고, 그 결과 개가 냄새를 맡던 부근에서 피부암이 진행 중이었다는 보고가 있다.

미국 캘리포니아 주 의료 클리닉의 보고에 따르면, 암 환자가 내뱉는 숨을 냄새로 식별하도록 훈련받은 개는 암 환자와 건강한 사람을 식별하는 것이 가능하다고 한다.

인슐린 치료 중의 당뇨병 환자를 대상으로 한 조사에서는 당뇨병을 앓는 주인이 저혈당 발작을 일으킬 경우 키우던 개의 70%가 평소와 다른 행동을 보였다는 보고도 있다. 저혈당 상태를 보일 때의 땀에는 미량의 카테콜아민(부신피질, 교감신경, 뇌세포에서 분비되는 아드레날린, 노르아드레

날린, 도파민 등의 총칭)이 포함되어 있는데 그 냄새를 개가 인지하고 보이는 행동이 아닐까 한다.

  질병의 조기 발견에 개의 후각 능력을 활용하려는 것은 흥미진진한 시도다. 개의 뛰어난 능력이 앞으로 인류의 삶에 더 큰 도움을 가져다주리라 생각된다.

개는 인간의 언어와
기분을 어디까지 이해할까?

    한 연구에 의하면 실내에서 사람과 함께 생활하는 개의 경우, 인간의 언어를 적어도 200단어 이상 이해할 수 있다고 한다. 더군다나 복합어일 경우에도 개가 고릴라보다 더 많은 수의 단어를 이해한다는 학설도 있다.

    조니는 자기 이름이 불리면 무엇을 하고 있든지 상관없이 부리나케 달려온다. '앉아!', '기다려!'와 같은 짧은 지시어는 물론, '산책', '밥' 등 평소에 자주 사용하는 단어에도 민감하게 반응하며 그 의미를 잘 이해하고 있다. 경우에 따라서는 일부러 그 단어를 이해하지 못하는 척하는 건 아닐까 의심되는 때도 있다. 자기가 싫어하는 단어가 등장하면 이름을 불러도 즉각 반응하지 않는 때가 있기 때문이다. 나이가 들어 귀가 잘 들리지 않는 건지 아니면 일부러 무시하는 건지, 나이가 든 만큼 경험이 많아진 조니로서는 제법 노련한 수법을 쓰고 있는 것처럼 보인다.

    사람은 의사소통을 할 때 말과 목소리에 의존하지만, 관찰력이 뛰어난 개는 즐거운 일이나 기쁜 일 등의 경험을 단어와 연결시켜 이해하는 것에 능숙하다. '산책'이나 '밥'과 같은 단어를 예로 들어보면, '산책'은 '즐겁다', '밥'은 '행복하다'와 같이 자신의 감정과 연결시켜 특정 단어를 기억하고 있기 때문에, 즐거운 순간을 연상시키는 단어를 들으면 눈을 반짝거리며 즉각적인 반응을 보인다. 그러나 그 이후 자신이 들은 '산책'이나

'밥'이라는 단어가 실제의 행동으로 이루어지지 않게 되면 기대감이 충족되지 않아 실망하기도 한다.

개는 주로 보디랭귀지를 통해 의사소통을 하며, 사람의 목소리에 담긴 뉘앙스나 분위기를 감지하는 데 뛰어난 능력을 보인다. 주인이 보이는

🐾 개의 이해력은 어느 정도일까?

주인이 보이는 약간의 몸짓과 눈빛만으로도 인간의 언어를 이해한다.

약간의 몸짓이나 눈빛을 보고 현재의 상황과 분위기를 정확하게 판단하기도 한다. 주인이 피곤해 보일 때는 억지로 놀아달라고 떼쓰지 않고 주인 옆에 조용하게 앉아 있고는 한다.

가족이나 부부가 다투고 있으면, 개는 한쪽 구석에서 불안한 눈으로 바라보기도 하고 때로는 다투는 사람들에게 다가가 싸움을 말리려는 것처럼 얼굴을 핥기도 한다. 가족 간에 흐르는 범상치 않은 분위기와 각각

🐾 인간의 행동을 보고 상황을 판단한다

주인의 목소리나 몸짓으로 상황을 파악한 후 적절한 행동을 취한다.

의 얼굴 표정과 목소리 등을 민감하게 감지하고는 가족이 현재 '화가 난 상태'라는 것을 스스로 이해하는 것이다.

이처럼 개는 인간의 모든 언어를 이해하지는 못하지만, 목소리의 뉘앙스와 몸짓, 그리고 그것이 불러일으키는 과거의 경험과 기억을 연결시켜 현재의 상황을 파악하고 자발적인 판단 아래 행동한다. 어쩌면 가족 구성원 중 가장 눈치가 빠를지도 모른다.

예를 들어 조니의 경우, 비록 그 원인이 자신에서 비롯된 것이 아니더라도 내가 뭔가 불쾌한 생각이나 슬픈 생각에 빠져 있으면 민감하게 그 감정을 알아차린다. 평소 같았으면 신나게 뛰어다니며 즐거워할 조니이지만 그럴 때는 내가 진정될 때까지 얌전하게 기다려준다. 그러다가 내가 다시 평소와 같은 목소리로 조니를 부르면 기쁜 듯 내 곁에 다가온다.

또한 개는 자기에 대해 이야기하고 있는 상황과 분위기도 이해한다. 만약 조니 앞에서 칭찬하는 말을 하거나 거꾸로 험담하는 말을 하면 그것에 민감하게 반응한다. 자신에 대해 나쁜 말을 하고 있다는 사실을 눈치채면 기분이 상해 풀이 죽어 있기도 할 정도다.

말을 걸고 스킨십을 하는 등 주인이 평소부터 개와 충분한 커뮤니케이션의 시간을 가지면 개의 언어 이해력 또한 점점 향상될 수 있다.

항상 개는 주인의 말을 이해하려고 집중하고 있다. 그에 비해 우리는 개의 기분을 이해하기 위해 과연 얼마만큼의 노력을 하고 있을까? 개는 인간의 감정을 민감하게 알아차리고 이해한다. 반면 개에 비해 월등한 지능을 자랑하는 인간은 개의 기분이나 의사를 제대로 파악하지 못하고 있다. 이런 면에서는 개가 인간보다 훨씬 현명해 보인다.

그들만의 언어가 따로 있을까?

우리가 언어로 의사소통을 하듯이 개에게는 개의 언어, 즉 보디랭귀지가 있다. 개의 선조인 늑대는 무리를 이루며 생활했기 때문에 사회성이 매우 높고 서열과 역할 분담이 확실하게 정해져 있었다. 이렇듯 무리 생활을 하는 늑대들에게는 동료들 간의 원활한 커뮤니케이션을 위해 여러 가지 의사 전달 수단이 생겨나게 되었다. 짖거나 우는 등 목소리를 이용한 의사 전달뿐만 아니라, 표정이나 행동으로 자신의 의사를 동료에게 전달하는 보디랭귀지가 바로 그것이다.

다른 개들과 의사소통을 하는 것과 마찬가지로, 사람들과 제대로 융화되어 살아가는 개는 기쁨, 불안, 분노, 공포, 위협, 공격 등의 감정을 전하기 위해 온몸으로 자신의 의사를 표현한다.

보디랭귀지의 기본을 이해하면 개가 표현하는 감정과 의미를 추측할 수 있어 의사 표현에 재빠르게 대응할 수 있게 되므로, 사랑하는 반려견과 보다 효과적인 커뮤니케이션을 나눌 수 있다. 사람이 개의 언어를 이해하고 그 감정을 보다 정확하게 추측할 수 있다면 지금까지보다 훨씬 더 깊은 유대 관계가 생겨나게 될 것이다.

예를 들어 개가 갑자기 마구 짖기 시작할 때, 함부로 짖는다고 혼내기 전에 개가 전하고자 하는 메시지를 이해하려고 노력해보는 것은 어떨까. 개의 표정이나 몸짓을 살펴보면서 말이다.

개가 불안과 공포를 느낄 때는 귀를 뒤로 젖히고 꼬리를 뒷다리 사이

🐾 개의 감정 표현

불안과 공포를 느낄 때 귀를 뒤로 넘기고 꼬리를 뒷다리 사이로 감춘다.

귀와 꼬리를 바싹 세우고 앞니를 드러낸 채 으르렁거리는 것은 공격과 위협의 자세다.

기분이 좋을 때는 눈을 가늘게 뜨고 꼬리를 흔든다.

로 집어넣은 채 등을 둥글게 말아 자신의 몸을 작아 보이게 하거나, 주인의 다리 사이에 파고들어 몸을 숨기려 하기도 한다. 이렇듯 개가 겁먹고 있을 때는 그 원인이 되는 물건이나 상황을 없애주고 개가 안심할 수 있도록 부드러운 목소리로 달래주면 금세 안정을 되찾는다.

한편 공격이나 위협의 의사를 보일 때는 귀와 꼬리를 위로 세우고, 가슴을 앞으로 내밀며, 털을 곤두세우고 앞니를 드러낸 채 으르렁거리는 등 자신의 존재를 강조하며 몸을 크게 보이려 한다.

눈을 가늘게 뜨고 꼬리를 살랑거리면 기분이 좋을 때다. 머리를 낮게 하고 엉덩이를 위로 든 채 꼬리를 흔들면 같이 놀자는 신호이며, 사람의 손이나 다리에 코를 비비는 것은 자기에게 관심을 보여달라는 표현이다.

개의 보디랭귀지 안에는 보다 원활한 의사소통을 위해, 그리고 서로를 안심시켜 쓸데없는 다툼이 일어나지 않도록 하기 위해 취하는 행동인 '카밍 시그널Calming signal'이 있다. 카밍 시그널은 상대방의 불안이나 공

🐾 하품은 개 특유의 보디랭귀지다

개가 하품하는 것은 불안하거나 공포심을 느낄 때

주인이 하품하면 개가 안정을 되찾는다.

포심을 누그러트리는 행동으로, 상대방에게 공격 의사나 적의가 없음을 나타내는 신호가 되기도 하고, 스트레스나 불안으로 날카로워진 자신의 신경을 진정시키기 위해서도 사용된다.

얼굴을 돌리거나 시선을 피하는 것은 개가 다소 불안할 때 보이는 행동으로, 개 두 마리가 서로 처음 만났을 때 그와 같이 행동한다. 서로 몸을 옆으로 돌리거나 등을 돌리는 행동을 보이기도 하는데, 이는 자신과 상대방의 기분을 진정시키기 위한 것이다. 이 밖에 혓바닥을 내밀어 코를 핥는 행위도 카밍 시그널의 일종으로, 잘못한 일이 있어 주인에게 혼났을 때도 이와 같은 행동을 하며 자신의 기분을 가라앉힌다.

자기보다 덩치 큰 개가 접근해 와서 냄새를 맡기 시작하면 상대방을 자극하지 않도록 꼼짝 않고 정지 상태로 있다. 주인이 엄하게 야단칠 때, 앉은 자세 그대로 혹은 엎드린 채로 가만있는 것도 같은 맥락이다.

다른 개와 만나 서로 스쳐 지나갈 때 지면의 냄새를 맡으며 관심이 없는 척하는 경우도 있다.

개의 보디랭귀지 중 가장 특이한 것은 '하품'이다. 하품 역시 카밍 시그널의 한 종류로, 개가 연거푸 하품하는 것은 불안하거나 무언가에 공포심을 느끼는 경우다. 혹은 스트레스를 받을 때도 하품한다. 화난 주인이 흥분한 상태로 개를 대할 때 이와 같은 행동을 보이기도 하는데, 이는 주인의 마음을 진정시키고자 하는 개 특유의 보디랭귀지다.

개가 안절부절못하거나 스트레스를 받고 있다고 생각되면 먼저 하품을 해보라. 하품에는 개를 진정시켜주는 효과가 있다.

개가 표현하는 다양한 감정의 신호를 주인이 제대로 이해할 수 있게 되면 자신의 반려견과 보다 즐겁고 흥미로운 교감이 시작될 것이다. 이제부터 평소 개의 행동을 잘 관찰해보도록 하자.

개는 왜 물까?

그동안 취재를 위해 수천 마리의 개를 만나왔지만 이제껏 한 번도 개에게 물린 적은 없다. 아! 그러고 보니 딱 한 번 물린 적이 있다. 길거리에서 만난 치와와의 얼굴을 만져보려고 했을 때였다. 아마도 모르는 사람이 갑자기 손을 들어 올리는 것을 보고 무서운 나머지 엉겁결에 물게 된 것 같다. 신경이 예민한 개는 공포심 때문에 무는 경우도 있기 때문이다.

물론 공격적인 성격 때문에 무언가를 물어뜯는 개도 있지만, 대부분의 개는 함부로 물거나 물어뜯지 않는다. 깜짝 놀란 경우, 통증을 느낄 때, 불쾌감이나 불안을 느낄 때, 더 이상 도망칠 곳이 없을 때 자신도 모르게 무는 행위를 하기도 한다. 이는 대부분 반사적인 행동이다.

개는 원래 자신을 강한 척 어필하는 동물이지만 실제로는 그와 반대로 상처 입기 쉬운 존재다. 개가 공격적인 성향을 보이며 무는 경우에는 다음과 같은 상황과 이유가 있다.

- 위협적으로 달려들며 무는 경우는 사람보다 자신의 서열이 높다고 착각하고 있을 때다.
- 물리적으로 도망갈 곳이 없어졌거나 정신적으로 궁지에 몰렸을 경우, 공포심 때문에 공황 상태에 빠져 자기 방어 본능적으로 무는 행위를 한다.
- 발톱 깎기나 빗질 등 자기가 싫어하는 행동을 피하기 위해서도 문다.
- 병이나 스트레스, 통증에 반응해 반사적으로 무는 경우도 있다. '만지지 말 것', '근처에 오지 말 것'이라는 뜻의 의사 표시다.

- 발정기나 임신, 육아기에 공격적인 성향을 보이는 경우도 있다.
- 사냥과도 같이 본능적인 공격성이 나타났을 때 물 수도 있다.
- 혼났다거나 자기 마음에 들지 않는 일이 있으면 장난감 등 자기보다 아래에 있다고 생각되는 상대에게 엉뚱하게 분풀이하기도 한다.
- 아무 이유 없이 발작적으로 달려들며 무는 경우도 있다.

콜리나 웰시 코기는 같은 목양견이지만 가축을 유도하는 방식은 서로 다르다. 짖으면서 양 떼를 쫓는 콜리, 재빠르게 움직이며 양 떼를 유도해 나가는 보더콜리 같은 종류도 있지만, 웰시 코기는 가축의 뒤꿈치를 살짝 깨물어가며 원하는 곳으로 움직이게 한다. 이렇듯 개에게 무는 행위는 짖거나 달리는 것과 마찬가지로 자연스러운 행동이다.

개는 어릴 때 다른 개들과 놀면서 무는 것에 대한 기본을 배운다. 강아지는 어미 개나 형제들 사이에서 가볍게 물거나 물리는 장난을 치며 노는데, 그 과정 속에서 힘을 조절하며 무는 법을 배우게 된다. 만약 강아지가 어미 개를 다소 강하게 문다 싶으면 어미 개는 높은 소리를 내어 경

강아지는 왜 물까?

강아지들이 서로 깨물고 노는 것은 사회성을 익히기 위한 중요한 공부다.

🐾 영구치로 변해가는 시기의 행동

유치에서 영구치로 변해가는 시기인 생후 4~6개월의 강아지는
주변의 사물을 물어보고 싶어 한다. 무조건 못하게 하면
강아지의 정상적인 발육에 지장을 줄 수 있다.

고를 표시한다. 그리고 강아지의 턱을 가볍게 물어서 강아지에게 힘의 조절에 대해서 강하게 인식시킨다. 그럴 경우 강아지는 바닥에 몸을 굴려 복종의 자세를 취하고는 한다.

특히 생후 4~6개월 동안은 유치乳齒에서 영구치永久齒로 변하는 시기이기 때문에 잇몸이 가려워 주변에 있는 물건을 무턱대고 물고 싶어 한다. 아무것이나 눈에 보이는 대로 물어보는 강아지의 모습은, 흡사 아기가 손을 가눌 수 있게 되면서 이것저것 손에 잡히는 대로 물건을 잡아보는 것과 같은 맥락이라고 생각된다. 개는 이빨로 무는 행위를 통해 느끼는 감촉이나 냄새로 자기 주변의 사물들을 확인하고 기억해나간다.

무조건 물지 못하도록 주의를 주는 것은 강아지의 정상적인 발육을 방해할 수 있으며, 그 때문에 쌓인 스트레스가 문제 행동을 일으키는 원인이 되기도 한다. 그러므로 신발이나 가구 등 물면 안 되는 물건과 공이나 반려용 장난감 등 물어도 되는 물건을 구별해주는 것이 좋다.

특히 사람의 손이나 발에 달라붙어 장난치다가 사람을 가볍게 무는 경우도 있는데, 이때 제대로 주의를 주어야 한다. 귀엽다고 그냥 넘어가다 보면 성견이 된 후 사람을 무는 것이 버릇으로 남게 될 우려가 있기 때문이다.

강아지 때는 별일 아닐지도 모르지만, 성견에게 사람이 물렸을 때는 큰 사고로 이어질 수 있으므로 어릴 때의 교육이 무엇보다 중요하다. 강아지가 물었을 때는 '아야!' 하는 소리를 내며 손을 거둬들인 후 사람의 손은 물면 안 되는 것이라는 사실을 가르친다. '앉아!', '기다려!', '엎드려!'와 같은 복종 훈련을 반복해 개가 주인에게 집중할 수 있도록 해준다.

성견이 되어서도 문다거나 혹은 그러지 않던 개가 갑작스럽게 무는 행동을 보이는 경우에는 정신적인 면의 영향 때문일 수도 있다. 무는 행위를 통해 스트레스나 불안을 덜고자 하는 행동으로, 주로 운동 부족이나 주인과의 교류 부족, 장시간 혼자 집에 갇혀 있는 것 등이 그 원인이 되기도 한다. 이럴 경우에는 산책 시간을 자주 갖거나 자유롭게 물고 놀아도 되는 장난감을 제공해 혼자 있는 시간에도 즐겁게 보낼 수 있도록 배려해주어야 한다.

우리 집 개 조니는 나이를 먹으면서 한때 허리를 삐끗해 제대로 서지 못하고 엎드려만 있어야 했다. 그때 구석에서 안정을 취하는 조니를 만져보려던 가족이 팔을 물린 적이 있었다. 이제껏 가족을 문 적이 한 번도 없었던 조니였기에 깜짝 놀랐다. 하지만 그것은 병과 아픔을 호소하는 자기 방어적이며 반사적인 행동이었다.

이처럼 노년기에 접어든 개가 갑자기 무는 경우에는 관절염에 의한 통증, 백내장에 의한 시력 저하 등 노화와 건강상의 문제가 원인일 가능성이 높다.

왜 개는 사람의 얼굴을 핥을까?

사람의 코나 입 주변을 열심히 핥는 개가 있다. 다른 것을 제쳐두고 오직 핥는 것에만 열중인 개의 모습을 보면 그 집념에 감탄스럽기까지 하다. 얼굴 전체가 개의 침으로 범벅이 되어도 주인은 이를 깊은 애정 표현으로 여겨 기뻐한다.

개가 사람의 얼굴, 특히 입 주변을 핥는 것은 개의 선조인 늑대에게서 물려받은 것으로 보인다. 젖을 떼고 이유기에 들어간 늑대 새끼는 어미 늑대가 토해낸 음식물을 먹고 자라게 된다. 새끼 늑대가 어미의 입 근처를 핥으면 그 자극으로 어미 늑대는 위장 속에서 반쯤 소화된 음식물을 토하게 되고, 그것을 새끼 늑대가 받아먹으며 자란다.

먹이를 조르는 새끼 늑대가 어미 늑대의 입을 핥고 어미 늑대가 음식을 다시 토해낸 후 새끼 늑대에게 먹이는 이와 같은 습성은, 강아지가 어미 개의 입 주변을 핥아 어미가 씹던 음식을 받아먹는 행위로 연결된다.

점점 시간이 지나면서 강아지는 어미뿐만 아니라 무리의 다른 개에게도 입 주변을 핥아 먹이를 조르는 행위를 하게 되었고, 그럴 경우 무리의 다른 개 또한 강아지에게 자신의 먹이를 나눠준다. 개는 원래 무리의 다른 강아지에 대해서도 관대하다. 강아지가 아무리 지나치게 먹이를 졸라도 제재를 취하거나 공격하는 일은 없다. 왜냐하면 강아지의 자세나 행동 같은 보디랭귀지가 성견들에게 보호 욕구를 불러일으키기 때문이다.

무리 안에서 서열이 낮은 개가 서열이 높은 개에게 복종 의사를 표할 때도 강아지가 어미 개에게 하는 것처럼 입 주변을 핥는 행동을 한다. 자기보다 강한 개로부터 위협당할 때도 서열이 높은 개의 입 주변을 핥아 준다. 복종의 의미가 포함되어 있는 것이다.

개의 집단 안에서 서열이 낮은 개가 리더 개의 입 주변을 핥는 행동은 리더에 대한 경의를 표현하는 것이다. 그렇기 때문에 반대로 무리의 리

🐾 사람의 얼굴을 왜 핥을까?

개는 강아지 때부터 줄곧 인간의 얼굴, 특히 입 주변을 핥고 싶어 한다.

얼굴이나 입 주변을 핥는 행동은 개에게 남아 있는 늑대의 습성이다.

더가 다른 개들의 입을 핥아주는 일은 거의 없다.

사람과 함께 생활하는 개에게 주인은 무리의 리더와 같은 존재이기 때문에 주인의 입 주변을 핥는 행위를 하며 자신의 신뢰감과 복종심을 표현한다. 개가 주인에게 야단맞을 때나 관심을 끌고자 할 때 주인의 입 주변이나 손등을 집요하게 핥을 때가 있다. 이 또한 강아지가 어미 개에게 하는 행동과 마찬가지의 경우로, 화를 풀고 진정하라는 의미를 전하기

🐾 개가 입 주변을 핥는 이유

무리 속에서 리더를 찾아 입을 핥는다.

입을 핥는 행위는 리더나 가족에 대한 신뢰감과 복종심의 증거다. 그 행위를 거절하면 개가 혼란스러워한다.

위한 행동과 연관된 것이라고 한다.

밥을 조르는 행동을 통해 개는 주인에게 어리광을 부리고 싶은 마음을 표현한다. 즉, 개가 사람의 얼굴을 핥는 데는 주인을 향한 애정 표현은 물론 비위를 맞추거나 복종을 나타내는 의미도 포함되어 있다. 그렇기 때문에 개가 얼굴을 핥으려고 할 때 귀찮아하며 지나치게 거절하면, 개는 자신이 무시당했다고 느끼며 불안해하므로 주의할 필요가 있다.

동물원 사육사의 말을 빌리면 바다표범 역시 개와 마찬가지로 동료들 간에 입을 맞추며 서로 인사하는 습성이 있다고 한다.

처음 만나는 사람을 핥는 경우는 그 사람의 냄새를 맡으며 보다 더 많은 정보를 얻기 위한 행동이다.

개에게 냄새가 나는 이유는?

개의 몸에 분포된 피지선皮脂腺과 아포크린샘Apocrine sweat gland에서는 분비물이 나온다. 미생물이 그것을 분해하는 가운데 냄새를 없애는 강한 분해물이 만들어지는 과정에서 몸 냄새가 발생한다.

개의 체취는 기온이나 습도가 높아질수록 강해진다. 냄새의 원인이 되는 미생물의 활동이 높은 기온과 습도에서 더 활발해지기 때문이다. 미생물은 섭씨 25℃, 습도 70% 이상의 조건에서 급격히 증식한다. 그러므로 다른 계절보다 기온과 습도가 높아지는 여름이나 장마철에 냄새가 더 강해진다.

🐾 냄새의 근원지

개의 몸 냄새는 피지선과 아포크린샘이 많이 분포된 귀나 항문 주변에서 더 심하게 난다.

🐾 냄새를 없애는 방법

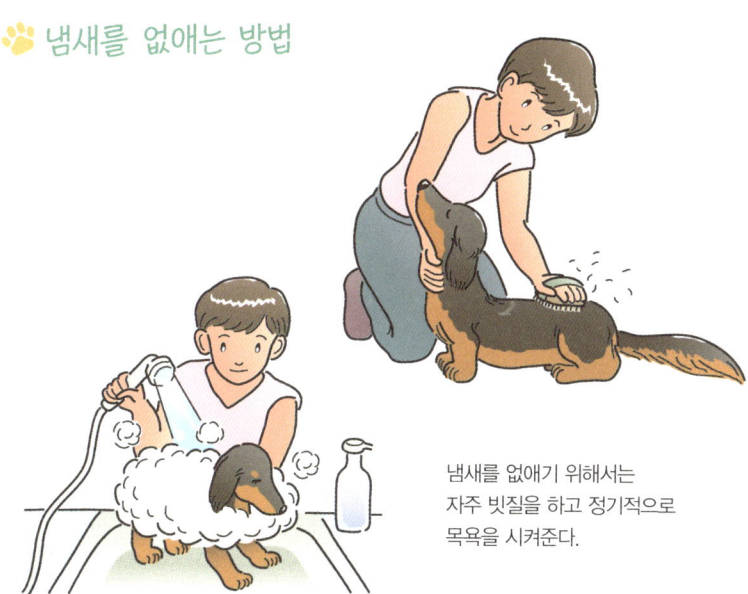

냄새를 없애기 위해서는 자주 빗질을 하고 정기적으로 목욕을 시켜준다.

피지선이나 아포크린샘은 꼬리와 엉덩이 사이, 항문 주변, 발바닥, 귀에 많이 분포되어 있다. 그러므로 개의 냄새를 없애려면 피지선과 아포크린샘이 많이 분포되어 있는 곳을 손질해줘야 한다.

특히 귀가 늘어져 있는 견종의 경우, 귓속이 짓물러 미생물이 번식하기 쉬워지므로 자주 귀를 청소해주어 통기성을 좋게 해야 한다. 항문 근처에서 냄새가 나는 경우에는 항문선의 분비물이 쌓여서일 수 있으므로 정기적으로 분비물을 짜내주어야 한다.

개의 냄새를 완벽하게 없애는 것은 불가능하다. 게다가 냄새를 없애기 위해 지나치게 자주 목욕시키면 불안해하는 개도 있다. 자기 냄새를 좋아하는 조니의 경우, 깨끗하게 목욕한 다음 날 산책하던 중 흙바닥 위를 데굴데굴 구르며 일부러 냄새를 몸에 묻히기도 한다. 언젠가는 온몸에 생선 썩은 냄새를 묻히고 와서 놀란 적도 있었다. 그때 조니의 표정은 완전히 황홀에 빠진 상태였다. 아마도 개에게는 자기가 좋아하는 냄새가 따로 있나 보다.

매일 빗질해주어 피부와 털에 붙어 있는 먼지나 오염 물질을 제거해주고, 정기적으로 목욕시켜주면 개의 몸에서 나는 냄새를 완화시킬 수 있다. 자극이 적은 약산성 샴푸로 마사지하듯 부드럽게 씻어주며 여분의 피지와 오염 물질을 제거해주자. 그렇다고 지나치게 목욕 횟수를 늘리면 피부를 보호하는 분비물마저 모두 씻겨나가기 때문에 건강에 좋지 않으며 피부염을 유발하는 원인이 되기도 한다.

인간과 마찬가지로 개 역시 입 냄새의 원인은 치석이다. 치석 때문에 다른 질병이 발생할 수도 있으므로 병원에 데리고 가서 적절한 시술을 받는 것이 중요하다.

스트레스가 피부 상태를 악화시켜 피부염을 일으키는 경우도 있다. 이런 경우에도 체취가 더욱 심해진다.

또 이빨에 달라붙은 치석은 구취의 원인이 된다. 얼마간의 체취는 '우리 집 개 냄새'라고 익숙해지는 경우도 많지만 입 냄새의 경우는 정도가 더 심각하다. 입 냄새가 심하다는 것은 치석이 쌓여 일으키는 치주염의 신호이기도 하므로 주의가 필요하다. 그 때문에 간장이나 신장, 심장에 병이 생길 우려도 있으므로 치주염이라고 쉽게 깔봐서는 안 된다. 입 냄새가 심해지면 동물 병원에 데리고 가 진찰을 받아볼 필요도 있다.

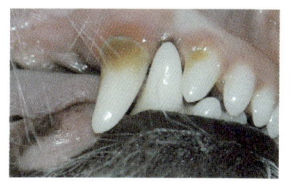

치석을 제거하는 조치를 취하지 않으면 점점 더 쌓이게 된다.

야생동물은 날고기나 섬유질이 풍부한 음식을 섭취하므로 치석이 자연적으로 떨어져나간다. 하지만 정제된 사료를 먹는 개는 치석이 쉽게 생기므로 주의가 필요하다. 하루 한 번, 식사가 끝난 후 이를 닦아주는 것이 이상적이지만 그것이 쉽지 않다면 최소한 3일에 한 번은 이를 닦아주는 것이 좋다. 병원에서 정기적으로 치석을 제거하는 시술을 받는 것도 좋다.

개도 땀을 흘릴까?

개도 인간과 마찬가지로 에크린샘Eccrine gland과 아포크린샘Apocrine sweat gland이라고 하는 두 가지 땀샘이 있다. 하지만 개와 같은 늑대과 동물은 땀샘의 분포가 인간과 달라서 몸에 땀샘이 충분히 발달해 있지 않다. 체온 조절을 위한 에크린샘이 발바닥 부분에 약간 존재할 뿐이다. 그래서 표면적으로 개는 땀을 흘리지 않는 것처럼 보인다.

인간은 땀 흘리는 것으로 열을 발산해 체온을 조절한다. 전신의 피부에 분포되어 있는 에크린샘은 날이 더울 때나 운동 후 높아진 체온을 낮추는 역할을 한다.

그에 비해 겨드랑이 밑이나 하복부에 있는 아포크린샘은 체온 조절과는 거의 관계가 없는 조직이다. 아포크린샘에서 분비되는 물질 그 자체에는 냄새가 없지만 피지와 엉겨 세균이 증식되면 강한 냄새를 풍기게 된다.

개의 경우 체취와 관계되는 아포크린샘은 몸 전체에 분포되어 있지만 체온을 조절하는 에크린샘은 발바닥에만 아주 조금 분포되어 있어 인간처럼 땀을 흘려 체온을 조절하는 것이 불가능하다. 이렇듯 개는 뜨거워진 체온을 식히기 어려운 몸 구조라서 더위에 약하고 힘들어한다.

더위를 느낀 개는 입을 크게 벌리고 혓바닥을 길게 빼고 거칠게 숨을 쉰다. 발바닥의 에크린샘만으로 체온을 낮추는 것이 불가능하기 때문이다. 이 과정에서 개는 땀 대신 다량의 침을 분비한다. 즉, 침이 증발하는

🐾 개의 땀샘

발바닥에 약간의 에크린샘이 분포할 뿐 그 밖에는 아포크린샘만 분포하므로 땀을 흘리지 않는 것처럼 보인다.

🐾 인간의 땀샘

몸 전체에 분포되어 있다.

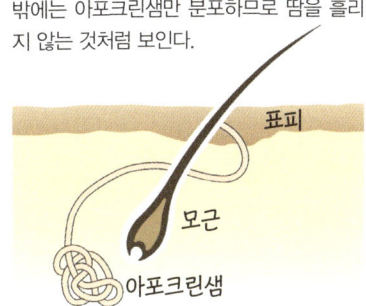
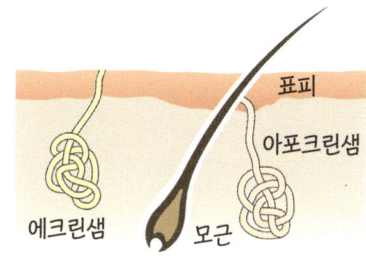

과정 중 발생하는 기화열을 이용해 몸 안의 열을 외부로 발산하며 몸 전체의 체온을 낮추는 것이다.

실제로 개의 입 주변에 손을 갖다 대보면 개가 뱉는 숨에서 뜨거운 열기를 느낄 수 있다. 개가 빨아들이는 공기보다 내뱉는 공기의 온도가 훨씬 높다. 헉헉거리며 급하게 호흡하는 것은 체내의 열을 외부로 발산시켜 체온을 낮추는 행동이다. 더울 때 개가 혓바닥을 내밀고 숨을 거칠게 쉬고 있는 것은 흥분했기 때문이 아니라 체온 조절을 위한 자연스러운 행동이다.

하지만 너무 더운 날에는 호흡만으로 몸의 체온을 낮추는 것이 어려워 힘들어하기도 한다. 특히 퍼그나 불도그, 시추, 치와와 등 개 코가 짤막한 단두종短頭種의 개들은 호흡 기관이 다른 개들보다 짧아 호흡으로 열을 조정하기가 힘들기 때문에 더위에 더 약하다. 무더운 날 특히 더 많은 주의가 필요하다.

에어컨에서 나오는 인공적인 냉기를 그다지 좋아하지 않는 개도 있다. 조니의 경우도 마찬가지로, 더울 때는 물을 자주 마시며 바람이 잘 통하는 시원한 현관 바닥이나 마당에 흙을 판 후 몸을 엎드려 체온을 낮추는 행동을 한다.

개는 사람보다 더위에 민감하지만 더위를 피할 수 있는 환경을 자유롭게 선택할 수는 없다. 시원하고 쾌적한 여름을 보낼 수 있도록 개의 입장에서 배려하고 신경 써주는 일이 필요하겠다.

🐾 개는 더위에 민감하다

개가 헉헉거리며 급하게 호흡하는 이유는 체내의 열기를 외부로 발산시켜 체온을 낮추기 위해서다.

더위에 약한 단두종

퍼그

시추

호흡 기관이 짧은 단두종의 개는 열 조절이 어려워 더위에 특히 약하다.

치와와

아쿠트 넷 AQUTNET에서
반려인에게 물었습니다

Research1

몇 마리의 개를 키우고 있습니까?

설문 조사에 참가한 사람들 중 실제로 개를 키우고 있는 사람은 약 20%였다. 그들 중 한 마리만 키우고 있는 사람이 압도적으로 많아 84.8%를 차지했고, 두 마리를 키우는 사람이 12.4%, 세 마리가 1.5%, 네 마리가 0.6%, 다섯 마리 이상을 키운다는 사람이 0.7%라는 결과가 나왔다.

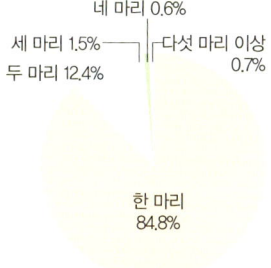

조사 기간 2006년 9월 6일~9월 16일

Research2

개의 성별은 무엇입니까?

키우고 있는 개의 성별을 물은 결과 수컷의 경우가 과반수를 넘었다. 어쩌면 이 결과는 집을 지키는 용도로 개를 키우는 경우가 많기 때문일지도 모른다.

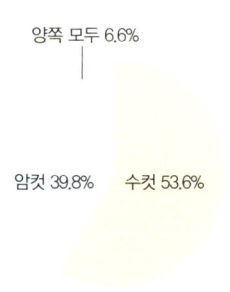

조사 기간 2006년 9월 6일~9월 16일

part 2
심리나 습성에 관한 질문

기분 좋게 자고 있는 모습을 보면 '개도 꿈을 꿀까?',
또 주눅이 들어 있는 모습을 보면
'개도 스트레스를 받을까?' 궁금해지기도 한다.
이번에는 우리가 알지 못했던 개의 심리나 습성에 관해서 알아본다.

털이 빠지는 종과
그렇지 않은 종은 뭐가 다를까?

개의 털을 살펴보면 보온성이 높은 하모(언더코트)와 방수성이 뛰어난 상모(오버코트)로 된 이중 구조의 털을 가진 견종이 많다. 이는 지역을 조사해봤을 때 비교적 추운 지역이 원산지인 견종에게서 주로 나타나는 현상이다.

표면에서 바로 보이는 상모와 그 아랫부분에 짧은 털인 하모가 함께 자라 있는 이중 구조의 털을 '더블코트'라고 한다. 더블코트의 모질 구조는 털이 빽빽하게 자라는 특징이 있기 때문에 털과 털 사이에 공기층이 많아 건물의 단열재처럼 방한에 뛰어난 효과를 보이고 체온을 조절하는 역할을 한다.

🐾 이중 구조의 털

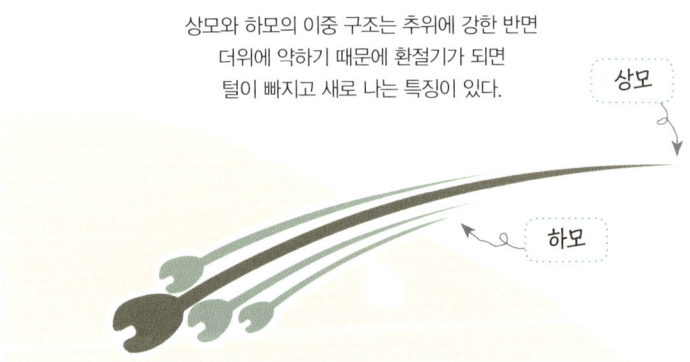

상모와 하모의 이중 구조는 추위에 강한 반면 더위에 약하기 때문에 환절기가 되면 털이 빠지고 새로 나는 특징이 있다.

상모

하모

🐾 일본이 원산지인 개의 특징

사계절이 뚜렷한 일본에서 자란 개는 털이 빠지는 견종이다.

주로 봄과 가을에 기존의 털이 빠지고 새로운 털이 난다.

　추운 지역이나 가혹한 자연환경에서 자라온 견종에게 주로 보이는 더블코트의 모질은, 부드럽고 촘촘한 하모가 보온의 역할을 해주고 그와 동시에 표면의 딱딱한 털인 상모는 외부 자극으로부터 몸을 보호해주는 역할을 한다. 개의 털은 외견상의 아름다움뿐만 아니라 피부가 건조해지는 것을 막고 외상에서 보호해주는 역할도 하고 있다. 또한 털이 자외선을 흡수해 피부까지 자외선이 침범하지 않도록 하는 역할도 한다.

　개의 털은 주기적으로 빠졌다가 다시 나기를 반복한다. 주로 일조 시간이나 기온, 습도와도 같은 계절의 변화에 좌우된다. 계절에 따른 기온의 미묘한 변화를 피부에 있는 감각세포가 감지하면 그 세포가 자율신경을 자극하게 되고 그것이 다시 내분비선을 활동하게 만든다. 이 내분비선의 활동에 따라 털이 빠지기도 하고 다시 나기도 한다.

외부에서 생활하는 시간이 긴 개의 경우, 일조 시간이 길어지고 따뜻해지는 등 봄이 가까워져오면 겨울털冬毛이 빠져 여름털夏毛로 변하게 된다. 반대로 가을에는 여름털에서 겨울을 대비할 수 있도록 촘촘한 밀도를 가진 겨울털로 바뀌게 된다. 즉, 개는 털이 빠지고 다시 나는 과정을 통해 체온을 조절하고 더위나 추위로부터 몸을 보호하는 것이다.

기존의 털이 빠지고 새 털이 나는 시기인 봄과 가을을 '털갈이 시기'라고 한다. 털갈이를 하는 개로는 시바견Shiba Inu 같은 일본 원산의 개와 더불어 코기, 포메라니안, 래브라도 레트리버, 셰틀랜드 시프도그, 스피츠Spitz, 보더콜리, 시베리아허스키Siberian Husky 등 더블코트의 모질을 가진 견종이다.

사계절이 있는 일본에서 오랫동안 생활해온 일본 원산의 개들은 여름의 더위나 겨울의 추위에 순응하기 위해서 계절의 변화에 따라 털이 빠진다. 조니 이전에 키웠던 아키타견 '존 만지로' 역시 털갈이 시기가 되면 실처럼 가는 털이 많이 빠지곤 했다.

털갈이 시기라고 해서 몸 전체의 털이 한꺼번에 빠지는 것은 아니다. 주로 옆구리, 머리, 대퇴부, 가슴 부근 등의 털이 빠진다. 같은 견종이라 하더라도 실내에서 생활하는지 실외에서 생활하는지, 혹은 사는 지역의 기후와도 같은 외부 조건에 따라 털갈이 시기나 빠지는 털의 양이 달라진다. 그러나 털의 길이와 털이 빠지는 것과는 그다지 상관이 없다. 짧은 털의 단모종短毛種 가운데서도 털이 빠지는 견종이 있기 때문이다.

이와 반대로 털로 체온을 유지할 필요가 거의 없는 온난한 지역에서 개량된 견종이나 반려견으로 실내에서 키우는 개의 경우에는 그다지 털이 많이 빠지지 않는다. 요크셔 테리어, 몰티즈, 치와와, 푸들, 복서Boxer, 파피용, 그레이트 데인Great Dane 등은 털갈이 시기가 따로 없는 견종이다.

  털갈이 유무와 상관없이 어떤 견종이든 빠진 털을 그대로 방치하면 피부가 짓물러 오염 물질이 쉽게 쌓이게 된다. 이는 또 원활한 신진대사를 방해해 체온 조절 작용을 어렵게 만든다. 특히 꼬리와 엉덩이 사이나 뒷다리의 윗부분은 빠진 털이 엉겨 있기 쉬운 부분이므로 빗질을 자주 해주어 불필요한 털을 제거해주도록 하자. 부지런히 빗질해주면 혈액 순환이 좋아지고 털갈이가 원활하게 이루어져 피부염을 예방하는 효과도 있다.

  털갈이 시기가 아닌데도 털이 많이 빠지거나, 한 부분의 집중적인 탈모 혹은 털이 빠진 자리에 염증이 생긴 경우에는 몸에 병이 있을 가능성도 있으니 주의가 필요하다.

  냉난방이 완비된 실내에서 생활하는 요즘 개들이 기온의 변화에 둔감해진 탓에 계절과 상관없이 1년 내내 털이 빠졌다가 다시 나기도 한다.

  또 겨울이 따뜻해지고 있는 등 지구온난화의 영향 때문인지 털갈이의 주기가 흐트러져 털이 빠지는 시기가 빨라지고 있다는 의견도 있다.

🐾 정기적인 빗질이 중요하다

빠진 털을 그대로 방치하면 신진대사나 체온 조절을 방해하므로 정기적으로 빗질해주는 것이 중요하다.

개는 왜 오줌 눌 때 한 발을 들까?

대부분의 수캐는 오줌을 눌 때 전봇대와 같은 수직의 물체를 향해 뒷다리의 한쪽 발을 드는 자세를 취한다. 다른 개의 코 높이에 맞춰서 자신의 오줌 냄새를 남겨두기 위해서다. 지면이나 높이가 낮은 곳에 오줌을 누면 다른 개가 자신의 냄새를 지울 수 있기 때문에 뒷다리를 들고 보다 높은 곳에 오줌을 누는 것이다. 이렇듯 높은 곳에 오줌을 누는 행동을 하며 개는 자신의 냄새를 남겨두려 한다.

개는 원래 늑대처럼 무리 지어 행동하던 동물이며 무리에는 무리만의 활동 영역이 있다. 이렇듯 냄새를 남겨 자신의 활동 영역을 표시하는 행위를 '마킹marking'이라고 한다.

🐾 마킹이란?

오줌으로 냄새를 배게 한 후 자신의
활동 영역임을 표시하는 행위다.

🐾 자신의 활동 영역 표시

영역 의식이 강한 수컷일수록 자신의 몸집을 더 크게 강조하기 위해 보다 높은 곳에 오줌을 뿌린다.

오줌 냄새는 개가 떠나고 난 다음에도 오랫동안 남아 있다. 이 냄새를 맡은 다른 개는 냄새를 남긴 개의 크기나 성별, 나이와 성질까지 알 수 있다고 한다. 이와 같이 수컷은 뒷다리를 들며 여기저기에 오줌 누는 행위를 통해 자신의 명함을 뿌리고 다니는 것과 같은 효과를 얻는다. 주변의 암컷들에게 자신의 존재를 알리는 것이다.

또한 그 냄새를 맡은 다른 수컷은 냄새의 주인이 자기보다 강한지 약한지에 대해 판단한다. 그런 후 원래 냄새가 배어 있던 곳보다 더 높은 곳에 자기 오줌을 남기는 것으로 그곳이 자신의 활동 영역임을 주장한다.

영역에 대한 의식이 강한 개일수록 다리를 더 높게 들고 오줌을 눈다. 되도록 높은 곳에 오줌을 뿌려놓으면 다른 개에게 자신의 몸집이 더 크다는 정보를 줄 수 있기 때문이다. 그래서 조금 무리해서라도 더 높은 곳에 오줌을 누려고 한다. 자신의 존재를 강조하는 동시에 자신의 냄새가 쉽게 지워지지 않도록 하기 위한 행동이다. 개중에는 물구나무를 서듯 두 다리를 높이 쳐들고 오줌을 누는 개도 있다.

그렇게 하면서까지 수컷이 자신의 활동 영역에 집착하는 이유는 무엇일까? 그 이유는 다른 구역의 개가 침입하는 것을 막아 먹이와 암컷을 보호해 자신의 종을 존속시키고자 하는 본능 때문이다.

늑대 무리에서는 대장만이 한 다리를 들고 오줌을 누며 자신의 영역임을 주장한다. 그 밖의 다른 늑대들은 쭈그리고 앉아서 오줌을 눈다. 즉, 개가 다리를 올리고 오줌을 누는 이유는 자기 자신을 무리의 리더라고 생각하고 영역을 주장하기 위해서이기도 하다. 이런 면에서 보면 한쪽 다리를 들고 오줌을 누는 개는 활동 영역에 대한 의식과 사회적 지배력이 강한 개라고 생각할 수 있다. 통상 한 다리를 들고 오줌을 누는 것은 성적으로 성숙한 수컷에게서 보이는 행동이지만 거세한 수컷에게서도 같은 행동을 볼 수 있다.

어릴 때는 수컷도 암컷과 마찬가지로 쭈그린 채 오줌을 눈다. 생후 6~8개월경 수컷에게 분비되는 호르몬의 영향으로 다리를 들고 오줌을 누는 행동을 하게 된다. 물론 개에 따라 차이를 보이기도 한다. 자연적으로 다리를 들어 올리는 개도 있는 반면, 다른 개를 보고 따라 하면서 뒤늦게 같은 행동을 하는 개도 있다. 한 다리를 들고 오줌을 눌 수 있게 되면 이제 슬슬 수컷 본연의 모습을 드러내며 제 몫을 할 나이가 되었다고도 할 수 있다.

그중에는 나이가 아무리 들어도 여전히 쭈그려 앉아 오줌을 누는 수컷도 있다. 또 반대로 다리를 들어 올린 채 오줌을 누는 암컷도 있다. 제일 높은 곳에 자신의 오줌을 뿌리던 건강한 수컷도 나이를 먹으면 자연스럽게 다리를 들어 올리기가 힘들어 암컷처럼 오줌을 누게 되기도 한다.

🐾 수컷의 영역 의식 형성

어릴 때는 수컷도 암컷처럼 쭈그린 채 오줌을 눈다.

생후 6~8개월경 수컷에게 분비되는 호르몬이 뇌를 자극하면

수컷은 한쪽 다리를 들고 오줌을 누게 된다.

오줌을 찔끔찔끔 싸는 이유는?

개가 여기저기에 오줌을 찔끔거리며 싸는 것은 자신의 냄새를 퍼뜨리기 위한 것으로, 이것 역시 마킹에 해당되는 특유의 행동이다. 이러한 마킹 행위는 늑대나 개를 비롯해 포유류의 여러 동물들에게서 볼 수 있는 행동이다. 자신의 영역을 표시하는 늑대 무리의 우두머리는 영역 내 다양한 장소에 마킹할 때 오줌과 함께 항문 근처의 항문샘에서 분비되는 특이한 냄새의 분비액도 같이 분출한다.

배뇨와 마킹은 행동적으로는 다른 성격의 활동이다. 하지만 실제로는 배뇨와 겸해서 마킹하는 경우가 많다. 개가 다리를 들어 올리고 오줌을 누는 이유는 오줌과 함께 자신의 분비액도 함께 분출해 자신의 영역임을 강조하기 위함이다.

개는 마킹할 경우 벽이나 전봇대, 나무 등 가능한 한 높은 곳에 오줌을 묻혀놓을 수 있는 장소를 선호한다. 코 높이 정도의 수직면에 자신의 냄새를 묻혀 다른 개가 그 냄새를 잘 맡을 수 있도록 하기 위해서다.

오줌에는 그 개만이 가진 고유의 냄새가 있으며, 자신만의 냄새를 남김으로써 그곳이 자신의 영역임을 다른 개들에게 강조하는 것이다.

인간의 눈으로 봤을 때는 그저 단순한 오줌일 뿐이지만 개에게는 다른 수컷에게 자신의 존재를 알리고 자신의 영역을 주장하며 암컷을 불러들이기 위한 중요한 행동이다. 마킹으로 남겨진 냄새 속에는 언어를 대신하는 여러 가지 메시지가 포함되어 있기 때문이다.

언젠가 친구가 개를 산책시킬 때 함께 나가서 개의 행동을 관찰해본 적이 있다. 친구의 반려견이 산책 중 오줌을 누는 빈도는 대략 1분에 한 번 꼴이었다. 산책이라기보다는 영역 안에 자신의 냄새를 퍼트리는 데 열중해 있는 느낌이었다. 짧은 산책 시간 중 수십 번이 넘는 마킹 행위에 열중하다 보니 산책이 끝날 즈음엔 찔끔거리던 오줌도 더 이상 나오지 않게 되었고, 나중에는 다리를 드는 시늉만 하기도 했다. 그 진지한 모습을 옆에서 보고 있자니 웃음이 나올 정도였다.

보통 한 번 마킹할 때 나오는 오줌의 양은 아주 적다. 개는 마킹하기 위해서 방광에 오줌을 모아두는데, 한 시간에 80번 정도의 마킹도 가능하다고 한다. 하지만 집 안에서 키우는 경우가 많아진 요즘에는 주로 실내에서 생리 현상을 해결하고 있어 생활환경이 많이 변화했다. 또한 노상에서 함부로 오줌을 누지 못하게 하는 반려견 교육도 늘어가는 추세다. 그런 이유로 본능적인 개의 영역 표시 의사가 점점 약해지고 있어, 산책 중 열심히 영역을 표시하는 개도 그 수가 줄고 있다.

개가 오줌을 찔끔거리는 이유는
자신의 영역을 표시하기 위해서다.
하지만 이웃집을 생각하면
그리 바람직한 행동은 아니다.

영역 표시를
그만두게 할 수는 없을까?

앞서 말했듯이 마킹이란 소량의 오줌을 여기저기에 누며 자신의 냄새로 영역을 표시하는 행동으로, 다른 개에게 자신의 존재와 활동 영역을 어필하는 행동이다. 영역 표시 의사가 강하고 자신의 서열이 높다고 생각하는 개일수록 높은 위치에 오줌을 묻혀놓는다. 그러므로 한쪽 다리를 들고 오줌을 누는 것은 모두 마킹 행동으로 봐도 무방하다.

그렇다고 이것이 수컷에게만 한정된 행동은 아니다. 물구나무 서는 자세를 취하고 오줌을 누는 암컷도 있다. 냄새를 남기는 배뇨 행위가 바로 마킹이기 때문에, 비록 수컷뿐만 아니라 영역 표시 의사가 강한 암컷이나 발정기의 암컷 역시 자신을 어필하기 위해 그러한 행동을 하는 경우가 있다.

실외와 달리 실내는 다른 개의 출입이 없기 때문에 정상적인 경우라면 마킹할 필요가 없다. 하지만 가족 중 자신의 서열이 높다고 생각하는 개의 경우, 평상시에 생활하는 실내를 영역의 일부라 생각하고 방 안에 마킹하는 경우도 있다. 마킹이란 대체로 자신의 영역이나 자기 소유물에 대한 개의 주장을 대변하는 행위다. 그러므로 실내에서의 마킹은 새로 들여온 가구나 모르는 손님이 들고 온 가방과 같이 개에게 낯선 사물이 있을 경우에 자주 발생한다. 자기 집에서는 아니더라도 남의 집에 데리고 갔을 때 자신의 영역을 확보하기 위해 마킹하는 경우도 있다. 특히 영역 표시 의사가 강하거나 독점욕과 소유욕이 강한 개일수록 그런 경향이 심하다.

자기 영역을 표시하는 마킹은 개에게는 본능적이며 당연한 행동이라 할 수 있다. 그러나 인간과 실내에서 함께 생활하는 데는 부적절한 행동이며 문제 행동이 되고 만다.

개가 실내에 오줌 싼 것을 보고 주인이 당황하거나 필요 이상으로 과민한 행동을 보이면 개는 오줌을 싸는 행동으로 주인의 관심을 끌었다고 착각하게 된다. 그 후 주인의 주목을 받기 위한 목적으로 이와 같은 문제 행동을 반복할 우려도 있다.

한편 혼자 집에 남겨진 개가 실내에 함부로 오줌을 쌀 때는 불안이 그 원인일 경우가 많다. 의존심이 강한 개의 경우, 주인에게 관심을 받고 싶다는 단순한 심리에서부터 이런 행동을 할 수 있다.

마킹을 못하게 하기 위해서는 먼저 주인과 개 사이의 신뢰 관계를 쌓는 훈련이 필요하다. 명령하고 복종하는 훈련을 반복해 주인이 개보다 높은 위치에 있다는 사실을 끈기 있게 가르치는 것이 중요하다.

예를 들어 개와 함께 산책할 때도 개에게 끌려다니지 말고 주인의 주도하에 산책 코스를 정하는 것이 좋다. 전봇대나 벽, 계단에서 개가 마킹을 위해 멈추지 못하도록 리드 줄로 유도하는 등 서서히 생활 습관과 행동을 고쳐나갈 수 있게 해주어야 한다.

실내에서 마킹하는 것은 불안감의 표현일 수도 있다.

산책 시간은 어느 정도가 적당할까?

산책 시간이 무조건 길다고 좋은 것은 아니다. 개에 따라 차이를 보이기 때문에 각각의 체력에 맞게 산책 시간을 정하는 것이 좋다. 산책에서 돌아온 후 개가 휴식을 취할 때 얕은 잠을 잠깐 자는 정도가 가장 좋다. 산책에서 돌아온 후에도 여전히 활발하게 움직이거나 뛰어다닌다면 산책 시간이 부족한 것이고, 반대로 지나치게 지쳐 있다면 산책 시간이 너무 긴 것으로 볼 수 있다.

산책은 가능한 한 매일 하는 것이 이상적이다. 하지만 비가 심하게 온다거나 다른 사정이 있어 외출할 수 없을 때는 지나치게 무리하지 않아도 된다. 제대로 된 산책 시간을 할애할 수 없을 경우에는 쓰레기를 버리러 간다거나 우체통에 편지를 넣으러 가는 길에 잠깐씩 개를 데리고 가는 등 5분 정도의 짧은 산책을 몇 번씩 반복하는 것도 좋다.

개에게 산책은 건강 유지와 사회성 공부의 기회가 된다.

개는 산책 시간을 무척 기다린다. 우리 집 개 조니도 '산책'과 '밥'이라는 말을 제일 좋아한다. 굳이 선택하라고 한다면 아마 식사 시간보다 산책 시간을 선택할 만큼 산책하러 가는 것을 즐거워한다. 그 정도로 산책은 개에게 큰 즐거움 중 하나이며 심신의 건강 유지를 위해서도 아주 중요하다.

하지만 대부분의 사람들에게는 운동과 배설이라는 것에 산책의 목적을 한정시켜 생각하는 고정관념이 있는 듯하다. 산책은 단지 걷는 것만이 목적이 아니다. 신선한 외부의 기운을 느끼며 다른 개나 가족 이외의 사람들과 접촉하는 소중한 시간이다. 그렇게 다양한 것들을 보고 들으며 개는 신선한 자극을 받게 되고, 이 과정에서 개는 사회성을 익히게 된다.

🐾 이상적인 산책 시간

산책에 필요한 시간은 견종에 따라 서로 다르다.

집에 돌아온 후 휴식을 취할 때 가볍게 얕은 잠을 자는 정도가 적당하다.

단, 리드 줄을 풀어 개를 뛰어다니게 하거나 자동차와 사람의 통행이 많은 곳에 억지로 개를 끌고 가는 행동은 피하는 것이 좋다.

산책은 개와 주인 간의 커뮤니케이션을 심화하는 기회이기도 하다. 단순히 걷기만 하지 말고 중간에 잠깐 같이 달린다거나 가끔은 멈춰 서보는 등 되도록 변화를 주는 것이 좋다. 또 산책 루트를 바꿔보는 등 개가 산책 시간을 한층 더 즐길 수 있도록 마음을 써주는 것도 좋다.

산책 도중 개가 배변을 끝내면 곧장 집으로 돌아가는 주인도 있다. 그러다 보면 개는 배변을 마치면 자신이 좋아하는 산책 시간이 중간에 끝나버린다는 사실을 학습하게 된다. 그 결과 산책을 계속하기 위해 배변 욕구를 참으며 쉽게 산책을 끝내지 않으려고 하는 경우도 있으니 주의가 필요하다. 개가 산책 중에 배변했을 경우 주인은 반드시 뒤처리를 깨끗이 하도록 한다.

아파트에서 사는 개는 하루 중 대부분의 시간을 실내의 한정된 장소에서 보낸다. 다른 개나 가족 이외의 사람을 접할 기회가 없기 때문에 좀처럼 사회성을 배우기 힘들다. 이런 개에게 산책은 적절한 자극과 기분 전환의 기회가 되며 개 본연의 호기심을 충족시키는 기회도 된다.

내 경우에는 일을 끝낸 저녁 시간에 조니를 데리고 산책을 나간 적이 많았기 때문에 낮 시간에 비해 다른 개나 사람과의 만남이 적은 편이어서 아쉬웠다. 그래서 휴일에는 아침이나 낮 시간을 이용하는 등 시간대에 변화를 주며 산책할 수 있도록 신경 썼다. 이렇게 조금만 신경 쓰면 개도 사람도 보다 즐겁고 행복한 산책 시간을 보낼 수 있다.

개가 나이가 들어 다리와 허리가 약해졌을 때는 산책하지 않는 편이 더 좋다고 생각할 수도 있지만 적절한 운동과 자극이 없는 생활은 개의 노화를 더욱 앞당길 수 있으니 주의가 필요하다.

나이가 들어 노견老犬이 되면 낮잠을 자는 일이 많아져 밤낮이 바뀐 생활을 하기 쉽다. 낮 동안 태양빛과 같은 밝은 광선을 받으면 수면을 촉진하는 멜라토닌이라는 호르몬이 분비되기 때문에 밤에 더 잠을 잘 자게 된다. 그렇기 때문에 노견에게 산책은 불면증 예방에도 도움이 된다. 짧게라도 낮 시간에 산책하면 밤 시간에 편안하고 깊은 수면을 취할 수 있게 되며, 걷는 것이 뇌에 적당한 자극을 주어 치매 예방에도 효과가 있다.

🐾 산책은 중요한 일과다

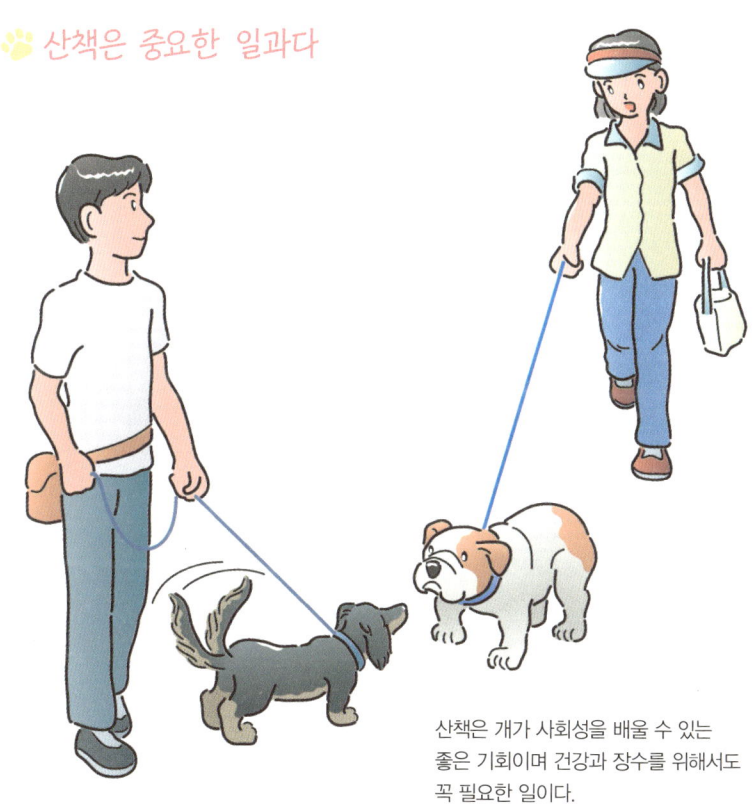

산책은 개가 사회성을 배울 수 있는 좋은 기회이며 건강과 장수를 위해서도 꼭 필요한 일이다.

개는 왜 풀을 뜯어 먹을까?

조니는 가끔 산책 도중 길가에 있는 풀을 먹기도 한다. 그러고는 금세 구토를 한다.

내장 기관의 구조나 식사법으로 살펴봤을 때 개는 비교적 구토를 자주 하는 동물이라고 하지만 아직까지 개가 왜 풀을 뜯어 먹는지에 대한 정확한 이유는 밝혀지지 않았다. 가장 널리 알려진 이유로는, 장의 상태가 좋지 않아 토할 것 같은 때나 속이 답답할 때 풀을 뜯어 먹은 후 그 자극을 이용해 구토하기 위한 것이라고 한다. 사람이 위산과다로 속이 쓰리고 메스꺼울 때 약을 먹듯, 그런 경우 개는 자신의 위를 자극하는 풀을

반려용품점에서 팔고 있는 개·고양이용 풀

일부러 골라 먹는다. 아직 소화되지 않은 위 속의 음식물과 여분의 위산을 토해내는 것으로 위장을 편안하게 만들고자 하는 것이다.

조니가 풀과 함께 토해낸 것을 살펴보면 노란색 위산과도 같은 액체도 같이 섞여 있었다. 구토는 했지만 그렇다고 특별히 몸의 컨디션이 나빠 보이지도 않았다. 토한 후에도 태연한 모습이었고 몸도 훨씬 가뿐해 보였다. 이렇듯 조니의 경우를 보면, 풀을 뜯어 먹고 구토하는 행위는 개

🐾 개는 왜 풀을 먹을까?

주로 위장의 상태가 좋지 않을 때 풀을 먹어 뱃속의 음식을 토해낸다.

🐾 개와 고양이가 풀을 먹는 이유

고양이가 풀을 먹는 이유는 털 고르기를 하면서 삼킨 털을 토해내기 위해서다.

개는 섬유질, 비타민 부족을 보충하기 위해서도 풀을 먹는다. 하지만 아직 확실하게 밝혀진 이유는 없다.

스스로가 자기 몸 상태를 관리하기 위해 자연적으로 습득한 행동이라고 생각된다.

또 섬유질과 비타민을 보충하고 식물의 잎에 포함되어 있는 엽산을 섭취하기 위해 풀을 뜯어 먹는다는 가설도 있다.

고양이도 풀을 먹는데, 그 이유는 털 고르기를 하며 삼킨 털을 토해내기 위해서라고 한다. 하지만 개는 고양이처럼 털 고르기를 하는 습성이 없기 때문에 고양이처럼 털을 토하기 위해 풀을 먹는 것은 아니다.

개가 풀을 먹는 행위 자체에 그다지 민감해할 필요는 없다. 하지만 그런 행동을 너무 자주 보인다면 개에게 위염과 같은 질병이 있을 가능성도 있기 때문에 수의사에게 진찰을 받아보는 것이 좋다.

또 풀의 종류에 따라 중독 증상을 일으키는 경우도 있으며, 특히 여름에는 제초제 등 농약을 뿌려놓기도 하므로 주의가 필요하다.

얼마나 먹어야 배부르다고 느낄까?

우리 집 먹보 조니는 하루에 두 번 있는 식사 시간을 기다렸다가는 밥을 내주면 순식간에 모두 먹어치운다. 밥을 다 먹고 난 후에도 무언가 부족한 얼굴을 하고는 밥을 더 달라는 의미로 주방 근처를 빙빙 돌며 뛰어다니는 경우도 있다.

개는 본능적으로 음식물을 잘 씹지 않고 그대로 삼키려고 한다. 또 음식물이 눈앞에 있으면 아무리 배가 불러도 끝까지 먹으려고 하는 경향이 있다.

늑대는 짧은 시간 안에 가능한 한 많은 음식물을 먹어 위장 속을 채우려고 하는 습성이 있는데, 이러한 늑대의 습성이 개에게도 그대로 남아 있는 것이라고 볼 수 있다.

인간의 경우 식사를 시작하고 나서 20분 정도 지나면 포만감을 느끼게 된다. 인간이 포만감을 느끼는 경로는 위장에서가 아니라 뇌의 포만중추를 통해 감지되는 것이기 때문에 음식물이 몸 안에 들어와 뇌로 그 정보가 전달되기까지 약간의 시간이 걸리는 것이다. 그래서 음식을 급하게 먹는 사람은 포만감을 느끼기 이전에 벌써 자신의 양보다 더 많은 음식을 먹게 되고 만다.

개 역시 마찬가지다. 야생동물을 사냥해서 직접 먹을 것을 구할 때는 밥을 먹을 때까지 많은 시간과 노력이 든다. 하지만 주인이 제공하는 사료를 먹고 있는 현재의 개들은 힘들이지 않고 손쉽게 음식물을 획득할 수 있어 먹이를 구하는 수고만큼 에너지를 쓸 필요가 없다. 오로지 먹는 행위에만 자신의 에너지를 사용하면 된다. 그 때문에 빠른 시간 안에 급하게 밥을 먹어치우는 것인지도 모른다. 그 결과 먹는 양만큼 포만감을 느끼지 못하게 되는 것이다.

🐾 개의 식습관

개의 선조인 늑대의 습성이 여전히 남아 음식물이 있으면 있는 만큼 한꺼번에 다 먹어버린다.

콩비지와 물에 불린 사료를 섞어 양을 늘리면 포만감을 쉽게 느낄 수 있다.

음식물을 거의 씹지 않고 한꺼번에 다 먹어버리는 경향은 대형견에게 더 강하게 보인다. 물론 예외도 있지만 소형견일수록 음식물에 대한 욕구가 낮은 편이다.

침을 흘리며 동그랗고 귀여운 눈으로 바라보고 있는 개를 보면 어쩐지 먹을 것을 좀 더 주고 싶어지고는 한다. 하지만 개가 원한다고 원하는 만큼의 식사나 간식을 주면 칼로리가 필요 이상 높아져 비만과 생활습관병의 원인이 되기도 한다.

식사량을 늘리는 것보다 식사 횟수를 늘리는 편이 개의 만족감을 보다 높일 수 있다. 하루분으로 정해진 양의 식사를 하루 세 번으로 나누어주는 것이 효과적이다. 이렇게 횟수를 나누어서 주면 당연히 한 번 분량의 식사량은 줄어들게 된다. 하지만 식사 횟수가 늘어나게 되므로 개도 그다지 배고픔을 느끼지 않는다. 식사 횟수를 늘리고 한 끼분의 식사량을 줄이는 편이 개에게 보다 큰 만족감을 주는 것이다.

'조니를 위한 된장 채소 죽' 등 손수 개밥을 만들어주는 나는 양배추나 콩비지 같은 저칼로리 식재로 분량을 늘려 포만감을 느낄 수 있도록 해주고 있다.

건조 사료의 경우, 개가 순식간에 먹어치운 뒤 위 안에서 팽창하는 데 다소의 시간이 걸리기 때문에 먹은 양만큼 쉽게 포만감을 느끼지 못하는 것인지도 모른다. 이럴 때는 사료를 물에 불린 후 야채나 고기를 섞어주는 등 되도록 먹는 속도를 늦출 수 있도록 해주는 것이 좋다.

🐾 효과적인 식사 패턴

두 번

지금까지 아침과 저녁 하루 두 번 밥을 줬다면,

세 번

같은 양을 세 번으로 나누어주면 보다 더 만족감을 느낀다.

같은 사료만 계속 먹어도 질리지 않을까?

개의 미각에 대해서는 아직 정확하게 밝혀진 것이 없다. 하지만 개가 음식물을 맛있다고 느끼거나 미각적인 취향을 판단할 때 맛보다 냄새가 중요하다는 사실만은 분명하다.

개의 혀는 매우 부드러우며 표면은 점막으로 둘러싸여 있다. 혀의 윗면 바닥에는 설유두舌乳頭라 불리는 작은 돌기가 무수히 돋아 있고, 그 안에 맛을 감지하는 미각세포인 미뢰味蕾가 있다. 미각에 대해 가장 민감한 곳은 혀의 끝 부분이며, 중앙에서 안으로 들어갈수록 맛을 느끼는 감각은 둔해진다.

개의 경우 맛을 구분하는 미뢰의 숫자는 사람의 6분의 1 수준밖에 되지 않는다. 개가 느끼는 맛은 단맛, 짠맛, 신맛, 쓴맛의 네 종류로, 맛을 구분하는 감각이 사람만큼 섬세하지는 못하다. 그래서 혀의 미각으로는 음식물이 맛있는지 그렇지 않은지 거의 판단하지 못한다. 그러나 발달하지 못한 미각 대신 후각이 그 빈자리를 채워주고 있다. 예전에 사냥해서 먹고살던 시대의 개들은 다음 사

사람과 비교했을 때 개는 맛을 구별하는 미뢰의 숫자가 적고 네 가지 맛밖에 구분하지 못한다.

냥이 성공할 때까지 며칠 동안 아무것도 먹지 못할 수 있다는 불안정한 상태 속에서 생활해야 했다. 그 때문에 먹을 수 있는 기회가 오면 한꺼번에 많이 먹어두고자 하는 습성이 있다. 그러므로 먹을 것이 눈앞에 있으면 무조건 일단 먹고 보는 것이 개의 본능이다.

🐾 개가 느낄 수 있는 맛

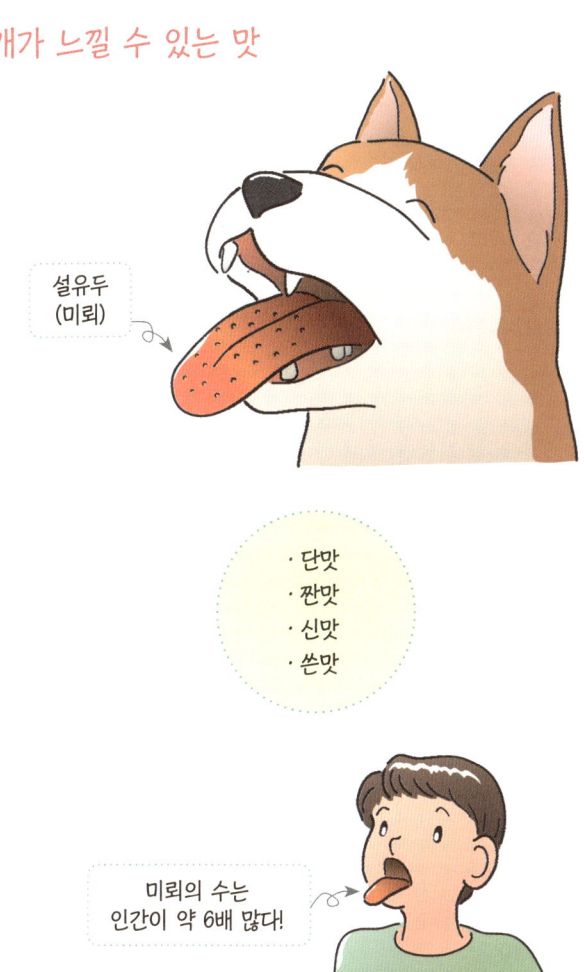

🐾 음식물에 대한 반응

개는 잡식성이다. 그중에서도 유당이 들어 있는 아이스크림이나 군고구마, 빵을 좋아한다.

하지만 먹은 후 속이 좋지 않았다거나 구토를 했다면 다시는 그 음식을 먹지 않으려 한다.

매일 같은 사료를 같은 식으로 먹으면 지겹지 않을까라고 생각하는 것은 아무래도 우리 인간의 쓸데없는 걱정인 듯하다.

원래 잡식성 동물인 개는 특히 당분을 감지하는 미각 세포가 잘 발달되어 있다. 그중에서도 과일 속에 든 당분인 과당, 우유 속에 들어 있는 유당에 더욱 민감하다. 그래서 개는 단맛이 있는 빵, 군고구마, 아이스크림과 같은 음식을 좋아한다.

흥미로운 사실은 이전에 전혀 먹어본 적이 없는 새로운 맛이나 새로운 음식에 대한 호기심이 대단히 강하다는 것이다. 특히 주인이 먹고 있는 음식에 강한 관심을 표하며 먹어보고 싶어 한다. 그러나 새로운 음식을 먹고 배가 아팠다거나 토할 것같이 속이 울렁거렸다면 그 이후 다시는 그 음식을 먹으려고 하지 않는데, 한번 경험한 사실을 오랫동안 기억하고 있는 것이다.

미국의 한 실험 결과를 보면 개가 가장 좋아하는 음식은 쇠고기가 차지했고 그다음으로 돼지고기, 양고기, 닭고기, 말고기의 순이다. 물론 이것은 육식이 발달한 미국의 결과이므로 우리의 경우는 또 다른 결과를 보일 수도 있다. 음식에 대한 기호에는 주인의 식생활과 취향에 따른 영향과 함께, 지역에 따른 차이와 개체 간의 차이도 클 것이라고 생각된다.

매일 같은 사료만 먹는 것이 불쌍하다며 중간 중간 개에게 간식을 주는 사람이 많다. 하지만 원래 간식이라는 개념 자체는 인간에게만 있는 것이다. 개 입장에서 보면 주식도 간식도 모두 같은 먹이일 뿐이다. 입맛을 자극하는 간식을 너무 많이 먹으면 주식인 사료를 먹지 않게 되는 경우도 있으니 간식을 줄 때는 주의가 필요하다.

개도 당뇨병에 걸리나?

당뇨병은 대표적인 생활습관병 중의 하나다. 당뇨병은 혈액에 포함된 당분(포도당)의 농도, 즉 혈당치의 증가에 반응해 분비되는 인슐린 양이 부족하거나 제대로 활동하지 못할 때 발생하는 신진대사의 이상 현상이다. 오줌 속에 당분이 섞여 배출되는 것으로부터 당뇨병이란 이름이 유래되었다.

결론을 먼저 말하면, 개도 당뇨병에 걸린다. 운동 부족이나 과식, 당분의 과다 섭취가 원인인 당뇨병은 현재의 개들이 가장 걸리기 쉬운 병 중 하나다. 네 살 이후부터는 당뇨병에 걸릴 위험이 있으며, 특히 일곱 살 이상의 나이 든 개들에게서 자주 찾아볼 수 있는 노년기 질환이다.

미국의 한 연구 보고에 따르면 200마리 중 한 마리꼴로, 영국의 경우에서는 100마리 중 한 마리꼴로 당뇨병에 걸리며, 대체로 소형견이 대형견보다 당뇨병에 더 잘 걸린다고 한다. 그러므로 일곱 살이 넘는 개에게는 당뇨병의 징후가 없는지 살펴볼 필요가 있다.

개는 왜 당뇨병에 걸리는 걸까? 음식물로부터 소화 흡수되는 당분은 혈액 순환에 의해 몸 전체의 세포에 공급된다. 당분은 동물의 근육, 장기와 각종 조직을 구성하는 세포를 움직이게 하는 에너지원으로 생존을 위해 없어서는 안 되는 것이다. 췌장에서 분비되는 호르몬인 인슐린은 당분을 각 세포막 안으로 넣어주는 기능을 한다. 그러므로 인슐린이 분비되지 않으면 몸속 세포가 당분을 활용할 수 없게 되고, 이렇게 남은 당분은 혈액 속에 쌓여 오줌으로 배출된다.

개의 경우, 혈당치가 180~220mg/dL을 넘으면 신장에서 당분을 회수할 수 있는 범위를 벗어나게 되어 오줌으로 당분이 배출된다. 오줌이 많아지면 당분과 함께 수분, 나트륨도 함께 배출되기 때문에 심한 경우

🐾 당뇨병의 원인

개도 인간과 마찬가지로 운동 부족, 과식 등의 원인으로 당뇨병에 걸린다.

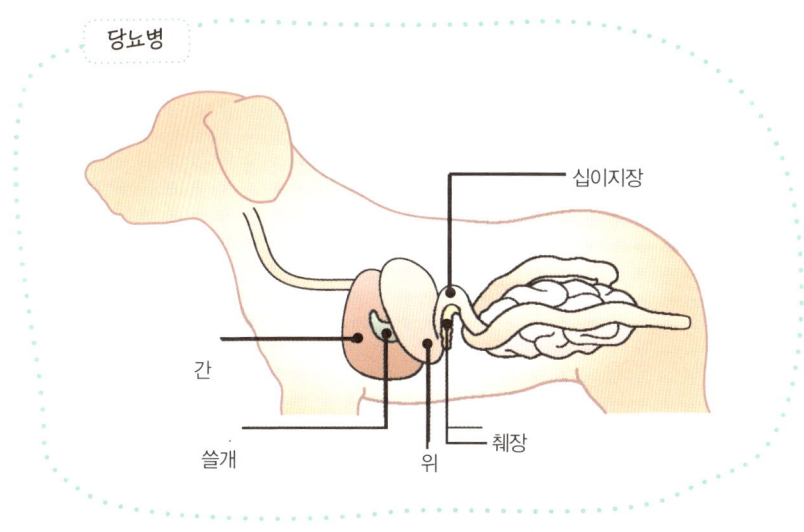

당뇨병이 걸리는 이유는 췌장에서 인슐린이 분비되지 않아
혈액 속에 당분이 쌓이기 때문이다.

탈수 증상을 일으키기도 한다. 탈수 증상으로 인한 수분 부족을 채우기 위해 개는 더 많은 양의 물을 마시게 되고 이는 다시 많은 양의 오줌으로 연결된다.

당분이 몸속에서 제 역할을 하지 못하게 되면 몸속 세포가 에너지 부족으로 쇠약해진다. 그 결과 근육이 약해져 쉽게 피곤해지며, 아무리 많이 먹어도 살이 빠지는 증세를 보인다. 여기에서 증상이 더 심해지면 백내장이나 신장, 간장의 합병증을 일으킬 수도 있다.

무엇보다 중요한 것은 평소의 건강관리다. 특히 잘 먹는데도 살이 빠진다거나, 물을 급하게 벌컥벌컥 마신다거나, 오줌의 양과 횟수가 늘어나는 증상이 발견되면 곧장 병원 진료를 받게 하는 것이 좋다.

인슐린 분비 기능의 이상으로 발병하는 당뇨병을 다른 말로는 '인슐린

🐾 당뇨병의 증세

잘 먹어도
살이 빠지기 시작한다.

오줌을 누는 양과 횟수가 늘어난다.

의존성 당뇨병'이라고 한다. 개가 앓는 당뇨병 중 대다수도 인슐린 의존성 당뇨병인 경우가 많다.

치료를 위해서는 매일 1~2회 인슐린 주사가 필요하다. 그와 동시에 몸의 상태(식욕, 체중, 마시는 물의 양)를 체크해가며 당뇨병에 적합한 식사를 제공하고, 적당한 산책을 시켜야 한다. 비만 경향이 있는 개의 경우에는 수의사의 지도하에 적절한 다이어트를 하는 것도 중요하다.

지인이 키우는 개 '리쿠'는 생후 5개월 때 인슐린 의존형 당뇨병의 진단을 받았다. 이럴 경우 유전적인 원인에서 온 당뇨병일 가능성이 크다. 일주일에 두 번 하는 채혈 검사와 아침저녁으로 맞는 하루 두 번의 인슐린 주사, 그리고 친구의 정성 어린 간호 덕에 조금씩 혈당치도 떨어지고 있다. 리쿠의 몸 상태가 안정되기를 빌어본다.

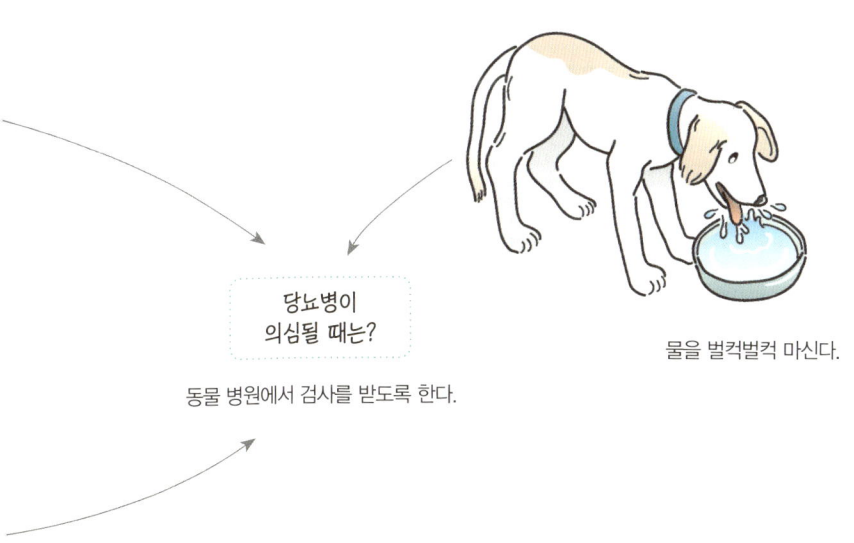

당뇨병이 의심될 때는?

물을 벌컥벌컥 마신다.

동물 병원에서 검사를 받도록 한다.

양파를 먹이면 안 되는 이유는?

개와 인간은 똑같은 잡식성 동물이다. 하지만 그렇다고 인간이 먹는 음식이 개에게도 다 좋은 것은 아니다. 개는 원래부터 육식성이 강한 동물이기 때문에 몸의 구조나 필요한 영양소가 인간과 다르다. 게다가 인간이 먹었을 때는 아무렇지도 않지만 개가 먹었을 때는 위험한 음식도 있다. 개에게 독이 되는 위험한 음식 중 대표적인 것이 바로 양파다.

양파나 파에는 개의 혈액 중 적혈구를 파괴하는 '알릴프로필 디설파이드'라는 성분이 함유되어 있어 개가 먹으면 적혈구 파괴에 의한 빈혈과 혈뇨血尿를 일으킨다. 이와 같은 증상을 '양파 중독'이라고 한다. 양파에 중독되면 붉거나 검붉은 색깔의 혈뇨 현상이 있고 설사와 구토, 황달과 함께 심장이 빨리 뛰고 눈의 점막이 하얗게 되는 증상을 보인다. 최악의 경우 사망에까지 이른다.

양파의 독성은 가열해도 변하지 않는다. 햄버그스테이크, 고기양파볶음, 전골 등 양파가 들어간 음식을 개에게 줘서는 안 된다. 양파를 넣고 끓인 국물 역시 중독의 원인이 된다. 콩소메 같은 수프 종류를 만들 때 양파를 대량으로 넣고 국물을 우려내어 사용하는 경우가 있으니 주의가 필요하다. 물론 양파가 들어간 된장국도 안 된다.

양파 이외에 개가 먹으면 위험한 것에는 초콜릿이 있다. 초콜릿에 함유된 '테오브로민'이라는 성분은 심장과 중추 신경을 자극해 구토나 설사 같은 '초콜릿 중독' 현상을 일으킬 수 있다. 많은 양을 먹으면 급성신부전증을 일으켜 죽음에 이를 수도 있다. 이 밖에 커피, 코코아, 녹차, 콜라 등도 개에게 해로운 식품이니 주의가 필요하다.

오징어, 문어, 새우, 게 등 해산물은 개가 소화하기 어려운 식품으로 구토의 원인이 된다. 죽순이나 곤약 역시 소화불량을 일으키기 쉬운 음식이다.

개에게 독이 되는 음식

우유, 치즈와 같은 유제품의 경우, 우유에 들어 있는 유당을 분해하는 효소가 적은 개에게는 설사의 원인이 된다. 그러므로 개에게는 반려견용 우유를 먹이는 것이 좋다.

땀샘이 잘 발달되어 있지 않기 때문에 개는 거의 땀을 흘리지 않는다. 그런 까닭에 개에게는 인간이 필요로 하는 염분의 약 3분의 1 정도만 있으면 충분하다. 개의 입장에서 보면 사람 입맛에 맞춰 만든 음식물에 든 소금의 양은 아주 많은 셈이다. 따라서 사람이 먹다 남긴 음식을 먹으면 지나치게 많은 양의 소금을 섭취하게 된다. 그렇게 몸속에 축적된 염분은 신장에 커다란 부담을 준다.

자극이 강한 향신료(고춧가루, 와사비, 후추, 겨자)는 위를 자극해서 감각을 마비시키거나 설사를 일으킬 우려가 있다.

소뼈에 비해 잘 부서지는 닭뼈는 개가 씹어 먹는 과정에서 생긴 뾰족

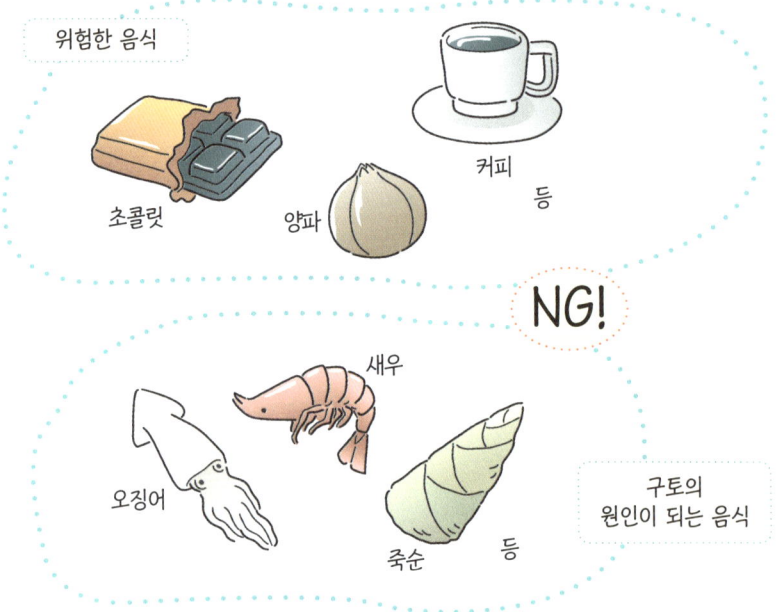

한 뼛조각이 위나 장 등의 소화기관을 긁어 상처를 낼 가능성이 있으니 닭고기를 줄 때는 반드시 뼈를 제거하고 준다. 생선을 줄 때도 굵고 딱딱한 생선 가시가 목이나 위장을 찌를 위험이 있으므로 가능하면 뼈를 발라내고 주는 것이 좋다.

맥주와 같은 주류는 호흡기관의 장애를 일으킬 수 있으며 아주 작은 양으로도 급성 알코올 중독을 일으킬 가능성이 있다.

또한 냉장고에서 금방 꺼낸 차가운 음식을 먹으면 사람과 마찬가지로 배 속이 차가워져 설사하기 쉬워지므로 너무 차갑지 않은 음식을 주는 것이 좋다.

미국의 한 조사에 따르면 포도를 대량으로 먹었을 때도 구토와 설사 증상을 일으킨다는 보고가 있다. 포도 역시 주의가 필요한 음식이다.

도대체 왜 똥을 먹을까?

자신이 키우는 반려견이 똥을 먹는 행동을 해서 곤란을 겪는 사람들도 있다. 인간의 입장에서 생각했을 때 똥을 먹는다는 행동은 극히 비정상적인 행동이므로 놀라는 것도 무리는 아니다. 하지만 잡식성인 갯과의 동물은 말, 양, 토끼의 똥을 먹기도 한다. 다른 동물의 분뇨를 먹는 행위를 반드시 이상하다고만은 볼 수 없다.

어미 개는 수유 중에 강아지의 오줌이나 똥 같은 배설물을 핥아 먹으며 자신의 집을 깨끗하게 관리한다. 강아지가 다른 형제나 자신의 똥을 먹는 경우도 흔한 일이다.

자신의 것을 비롯한 다른 개의 배설물이나 고양이 등 다른 동물의 배설물을 먹는 행동을 '식분증食糞症'이라고 한다. 주로 성장기에 보이는 행동으로 나이를 먹는 것과 동시에 자연스레 사라지는 경우가 많다.

성장기를 지난 개가 갑작스럽게 똥을 먹는 행동을 보이는 것은 식사의 양이나 횟수 문제 외에도, 주인과 접하는 시간이 줄었다거나 지나치게 단조로운 시간을 보내고 있는 등 생활환경의 문제를 들 수 있다. 배고프고 지루할 때 눈앞에 있는 자신의 배설물을 먹게 되기도 하는데, 이와 같은 행동이 습관으로 정착되는 경우도 있기 때문이다.

또한 비타민, 미네랄, 효소 등 영양소의 결핍이 그 원인이라는 보고도 있다. 이전과 다른 음식물로 식사를 바꿨다거나 그 양이 변했을 때 똥을 먹는 행동을 보이면 영양소의 결핍이 그 원인일 경우가 많다.

배변 교육을 시킬 때가 그 원인인 경우도 있다. 배변 문제에 주인이 화낼 타이밍을 놓친 후 개가 자신의 잘못을 이해하지 못한 상태에서 주의를 주게 되면, 개는 자신의 배설물이나 자신의 배설 행위 자체를 잘못된 행동이라고 오해하게 된다. 그래서 자기 배설물의 흔적을 없애기 위해 똥을 먹는 행동을 하게 된다.

왜 똥을 먹을까?

개에게 똥을 먹는 행동은 자연스러운 것이므로 무턱대고 과민한 반응을 보이지 않는 것이 좋다.

- 식사의 양이나 횟수 문제
- 스킨십 부족
- 영양소의 결핍
- 배변 교육의 실패
- 스트레스
- 단조로운 생활

등등……

개가 그런 행동을 보일 때 제일 중요한 점은, 무턱대고 혼내거나 지나치게 민감한 반응을 보이지 않는 것이다. 개가 배변하면 신속하게 똥을 치워주어 개가 똥을 먹을 수 없는 상황을 만들어주는 것이 좋다.

산책 시간이 부족하거나 자극이 없는 단순한 생활을 하는 개에게서도 식분증을 자주 볼 수 있다. 스트레스가 쌓여 있거나 주인의 관심을 돌리기 위해서 똥을 먹는 경우도 있으므로, 되도록 많은 시간을 반려견과 함께 보내도록 노력하는 것이 증세 개선을 위해 중요하다. 개가 혼자 있을 때 재미있게 놀 수 있는 장난감을 제공해주거나 산책 시간을 늘려주는 등 개가 지루해하지 않도록 나름의 아이디어를 궁리해보는 것이 좋다.

예전에 조니도 자기가 눈 똥을 먹은 적이 있었다. 그 모습을 보고 너무 놀랐지만 다행히 딱 한 번으로 끝나 더 이상은 그런 일이 없었다. 조니의 경우 그 원인은 왕성한 식욕 때문이었다. 나이가 들었는데도 먹는 즐거움은 전혀 줄지 않는 조니는 식욕이 감퇴되기는커녕 점점 더 왕성해졌다. 하지만 비만은 금물이라 식사량을 조절할 수밖에 없었고, 왕성한 식욕을 이기지 못한 조니가 자신의 똥을 먹는 행동을 하고야 만 것이다.

반려견이 똥을 먹었다고 지나치게 과민한 행동을 보이기보다는 그 해결점을 찾는 것이 더 중요하다. 반려견의 나이나 성격, 생활 습관이나 주인과의 관계 등 그 원인으로 추정되는 것을 찾아 문제점을 해결하는 것이 급선무다.

개는 옷 입는 것을 좋아할까?

반려견 용품점에서 예쁜 옷을 발견하면 모양이 예쁘다는 이유로 그냥 구입하는 분들도 많으리라 생각된다. 특히 소형견에게 옷을 입히는 경우가 많아지고 있다.

옷을 입고 난 후 주인에게 예쁘다고 칭찬받거나, 산책 도중에 만난 다른 사람에게 옷이 잘 어울린다는 소리를 듣고 꼬리를 흔들며 기뻐하는 개도 있다. 그렇다고 반드시 모든 개가 옷을 입는 것을 좋아하는 것은 아니다. 과연 개는 옷을 입는 것에 대해 어떻게 생각할까?

옷을 보자마자 눈을 돌려 외면하거나 입기 싫어하며 도망가는 개도 있다. 그런데도 억지로 옷을 입히고 나면 순간적으로 정지 동작을 취하며 꼼짝 않거나 구석에 몸을 웅크리고 움직이지 않는 경우도 있다. 이외에도 옷을 입혀놓으면 산책할 때 걸음걸이가 부자연스러워지기도 하고, 평상시에는 잘 뛰어넘는 장애물을 뛰어넘지 못하는 경우도 있다.

옷 입는 것을 싫어하는 개는 옷을 보자마자 눈길을 돌리거나 도망치기도 한다.

어쩌면 개는 옷 입는 것 자체를 그다지 좋아하지 않을지도 모른다. 개를 키우는 주인 입장에서는 예쁘고 잘 어울리고 이래저래 좋을 것이라고 옷을 입히지만, 옷에 익숙하지 않은 개로서는 입는 것을 싫어해 저항하는 경우도 자주 있다. 이런 경우를 살펴보면 확실히 옷은 개에게 거추장스럽고 불편한 것이라고 말할 수 있다.

옷을 입히는 행위 자체가 개가 가진 본래의 아름다움을 손상시키는 어리석은 행동이라는 의견도 있다. 사람에게는 옷이 필요하지만 온몸이 털로 덮여 있는 개에게 옷이란 무용지물이므로 자연스러운 본래 모습 그대로 내버려둬야 한다는 의견이다. 달마시안의 특색 있고 아름다운 얼룩무늬나, 래브라도 레트리버의 윤기 흐르는 아름다운 털을 인위적인 옷으로 가려 볼 수 없게 한다는 것은 확실히 안타까운 일이다.

일반적으로 더블코트, 즉 이중모의 털을 가진 개의 경우 옷을 입힐 필요가 없다. 하지만 세상에 존재하는 수많은 견종 안에는 잦은 개량의 결과 추위에 대한 저항력이 약한 견종도 있고 털이 짧은 이유로 원래부터 추위에 약한 견종도 있다. 가능한 한 저항력을 떨어트리지 않도록 주의하며 산책 시간 등 필요한 때 방한 목적으로 옷을 입히는 것은 필요한 일이다. 또한 맹인안내견의 경우처럼 털갈이 시기에 털이 실내에 날리는 것을 방지하기 위해서나 산책 시 오염 방지 등 필요한 때에 맞춰 입히고 벗기기 쉬운 옷을 준비하는 것도 필요할 것이다.

싱글코트의 실내견에게 방한용으로 옷을 입히기도 한다.

단순하게 모양이나 컬러 등 패션적인 면뿐만 아니라 소재나 옷감의 두께 등 기능적이고 움직이기 편한 디자인의 옷을 고르는 것이 좋고 이왕이면 자연 소재로 된 옷이 좋다.

푹푹 찌는 날씨에 비닐 소재의 옷을 입힌 채 오랜 시간 산책하는 것은 피해야 한다. 털로 덮여 있는 개의 피부는 인간의 피부보다 세균에 대한 저항력이 약하기 때문에 습기에 젖어 있는 상태가 오래 지속되면 피부염에 걸릴 가능성이 높기 때문이다.

또 방한을 위한 옷의 경우에도 기온 변화에 맞추어 입히고 벗기기 쉽게 되어 있는 것을 고르는 것이 좋다. 어릴 때부터 줄곧 옷을 입고 생활하게 되면 추위에 대한 저항력이 떨어질 우려가 있으므로, 필요한 시기에 잠깐씩 옷을 입히도록 한다.

참고로 어릴 때부터 몸에 잘 맞는 옷을 입혀 습관이 들게 하면 개 또한 옷 입는 것을 익숙하게 받아들이므로 스트레스를 받지 않게 된다. 단, 작아서 답답한 옷이나 감촉이 좋지 않은 옷을 억지로 입히게 되면 개가 스트레스를 받아서 역효과를 초래할 수 있으니 주의해야 한다.

조니는 원래가 털이 짧은 단모종인 데다가 나이가 들수록 추위에 약해지는 경향이 있어 우리 어머니가 만든 옷을 입히고 있다. 시판되는 옷에는 근육질인 조니의 몸에 딱 맞는 것이 없기 때문에, 조니 전용으로 옷본을 뜬 후 면이나 울 같은 자연 소재로 계절에 맞게 옷을 만들어서 입히고 있다.

조니도 옷을 입으면 따뜻하고 쾌적하게 지낼 수 있다는 사실을 아는 것 같다. 새로 만든 옷을 입힐 때는 물론이고 옷을 입고 있는 것 자체에 스트레스를 표하거나 크기가 맞지 않아 불편해하는 기색도 없기 때문이다. 단, 개에게도 과보호는 좋지 않다는 것을 명심하자. 적절한 용도를 고려해 적정 수준의 멋을 내보는 것은 나쁘지 않을 것이다.

개도 꿈을 꿀까?

조니는 잠잘 때 입을 움직여 쩝쩝거리는 소리를 내거나, 눈꺼풀을 떨며 눈을 반쯤 뜬 채 자기도 하고, 다리를 흠칫거리며 흡사 달리는 것 같은 움직임을 보일 때가 있다. 그런 모습을 볼 때마다 조니가 꿈을 꾸고 있는 것은 아닐까라는 생각이 들기도 한다.

내 친구가 키우는 개 중에는 잠잘 때 꼬리를 흔드는 개도 있다. 또 다른 어떤 개는 자기가 한 잠꼬대에 놀라서 잠을 깨는 경우도 있다고 한다. 사람이 잠자다가 꿈속에서 소리치는 자기 목소리에 놀라 잠을 깨는 경우가 있듯이 말이다.

잠자다 갑자기 일어나서는 무섭게 짖는 개도 있다. 무서운 꿈이라도 꾼 것일까? 흥분한 나머지 같이 자고 있던 주인의 다리를 물었다는 이야기도 들은 적이 있다. 놀란 주인의 목소리에 잠을 깨고 정신을 차렸지만 개 또한 전후 상황이 이해되지 않는 듯 멍해 보였다고 한다.

실제로 개도 꿈을 꿀까? 만일 꿈을 꾼다면 우리 집 개는 도대체 어떤 꿈을 꾸는 걸까? 개와 말이 통하면 제일 먼저 물어보고 싶은 질문다.

결론부터 말하자면, 개도 인간처럼 꿈을 꾼다.

개가 잠들어 있을 때의 뇌파는 평상시에는 크고 부드러운 모양을 보이지만 꿈을 꾸고 있을 때는 좁고 급한 간격의 뇌파를 보인다. 인간과 거의 같은 수면 유형을 보인다.

개는 잠들면 호흡이 불규칙적으로 바뀌며 혈압과 체온이 내려가고 심박수가 감소하며 '비렘수면' 상태로 들어간다. 비렘수면 때는 깊은 수면을 취하기 때문에 다소의 소음으로는 잠을 깨지 않는다. 대뇌의 활동도 저하된다. 대뇌의 활동이 적을수록 수면은 깊어지고 수면의 질 또한 좋아진다. 비렘수면에 빠진 개를 깨우려 하면 쉽게 잠에서 깨지 못하며 비렘수면에서는 꿈을 꿀 확률도 비교적 적다.

🐾 비렘수면이란?

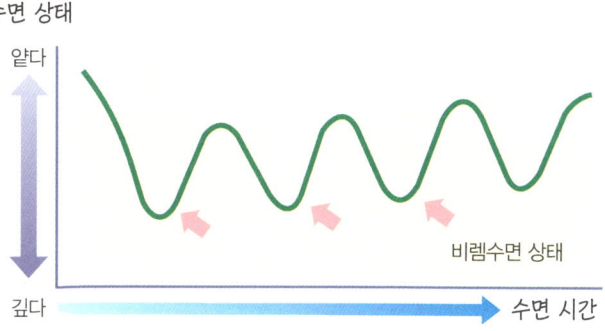

대뇌의 활동이 적고 깊은 수면을 취하기 때문에 꿈을 꾸는 경우는 거의 없다.

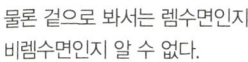

물론 겉으로 봐서는 렘수면인지 비렘수면인지 알 수 없다.

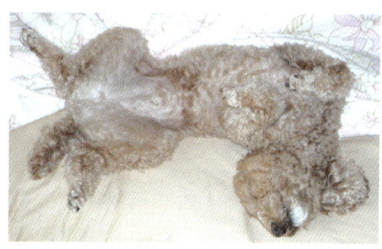

수면이 점점 얕아지게 되면서 서서히 '렘수면'이 나타난다. 렘수면일 때는 수면중추의 영향으로 근육의 긴장이 풀려 몸 전체의 힘이 빠진 상태가 된다. 한편 뇌의 활동이 활발해지며 급속한 안구 운동이 나타난다. 급속안구운동Rapid Eye Movement의 첫 글자를 따서 이와 같은 시기의 수면을 렘REM수면이라고 한다.

렘수면일 때는 뇌가 움직이고 있으므로 꿈을 꿀 가능성이 많다.

개가 잠들어 있을 때 눈꺼풀을 경련하듯 떨거나 다리를 버둥거리는 경

렘수면이란?

렘수면일 때에는 뇌가 활성화되어 있어 꿈을 꾸게 되는 경우가 많다.

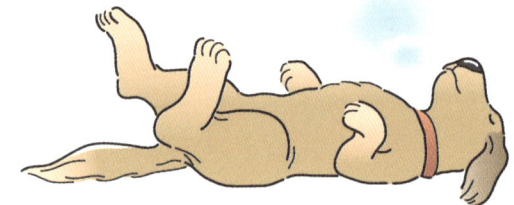

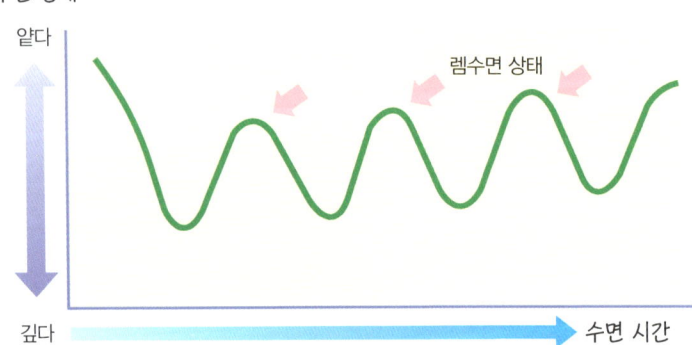

우가 있는데 이는 일반적인 것이므로 걱정할 필요가 없다. 반대로 꿈을 꾸고 있는 상태의 개를 깨우는 행동을 계속하면 정신적으로 불안정해질 수 있으므로 주의할 필요가 있다.

개는 하루 평균 10~14시간 정도 잠을 잔다. 세인트버나드와 같은 대형견의 경우 최대 16~18시간 잠을 자는 개도 있다. 대형견이나 노견에 비해 어린 강아지가 더욱 빈번하게 꿈을 꾼다는 보고도 있다. 성견의 경우 수면 시간의 약 10~20%가 렘수면인 데 비해 강아지는 훨씬 더 높은 비율의 렘수면을 보인다. 사람의 경우를 살펴봤을 때, 성인은 렘수면의 비율이 전체 수면의 20%인 데 비해 신생아는 렘수면이 50%에 이르며, 성장과 함께 그 비율이 점점 감소해간다고 한다.

참고로, 말이나 소와 같은 초식동물의 수면 시간은 하루 두세 시간에 불과하다. 대체로 초식동물의 수면 시간은 짧고 육식동물의 수면 시간은 긴 편이다. 고단백 고칼로리의 고기에 비해 풀은 그 칼로리가 현저히 낮다. 그런 까닭에 초식동물은 자신의 몸을 유지하기 위해 엄청난 양의 풀을 먹어야 하고 그만큼 식사 시간이 길어질 수밖에 없다. 대체로 수면 시간의 두 배 이상을 풀을 먹는 데 소비하고 있는 것이다.

그나저나 동물은 왜 꿈을 꿀까? 하지만 아직까지 그 이유는 밝혀지지 않았다.

오늘 밤 우리 집 개는 무슨 꿈을 꿀까? 맛있는 밥을 배부르게 먹는 꿈? 즐겁게 놀고 있는 꿈? 혹시 무서운 꿈은 아닐까?

꿈이 흑백일 때도 있고 총천연색일 때도 있듯 주로 인간이 꾸는 꿈은 시각적인 것이다. 그러나 시각 대신 후각이 발달한 개의 꿈은 혹시 이런 저런 냄새로 가득한 꿈이 아닐까?

개의 수명은 얼마나 될까?

　개의 평균수명(평균 사망 연령)은 급속도로 늘어났다. 오른쪽 도표에서처럼 1980년 이후의 데이터만 살펴봐도 개의 수명이 비약적으로 늘어났다는 사실을 알 수 있다. 1980년에 4.4세에 불과했던 평균수명이 1988년에는 9.8세로 거의 두 배 이상 늘어났다. 그 이후에도 끊임없이 상승세를 보여 1997년에는 14.2세까지 늘어났다. 그러나 가파르게 상승하던 수치는 1997년 이후부터는 점차 안정세를 보이게 된다. 2004년 개의 평균수명이 1997년과 거의 비슷한 수준의 14.6세를 기록하며, 드디어 개의 평균수명 수치도 안정기에 들어섰다고 보인다.

　견종별 데이터를 살펴보면, 몰티즈가 14.2세, 푸들이 13.9세, 셰틀랜드 시프도그가 14.1세, 비글과 시바견이 14.4세의 평균수명을 보인다. 대형견을 살펴보면, 일본 원산의 대형견일 경우 13.7세, 서양 원산의 대형견일 경우 12.3세의 평균수명을 보인다. 순종견의 경우 평균수명이 11.3세인 데 비해 믹스견(잡종견)의 평균수명은 13.3세로 순종보다 잡종이 더 오래 산다는 결과를 보여주고 있다.

　물론 대형견임에도 15세 이상, 소형견 중에 20세 넘게 사는 개도 있다. 야마나시현에서 건강하게 살고 있는 '쿠로'라는 이름의 28년 10개월 된 카이견Kai Ken(일본 야마나시현 원산의 중·소형견_옮긴이)을 사진으로 접해본 적이 있다. 참고로, 개의 공식적인 장수 기록은 29년 5개월. 오스트레일리아의 목양견인 오스트레일리안 캐틀 도그로, 1939년 11월 14일 사망했다고 한다.

　암컷과 수컷 사이의 평균연령 차는 거의 없다고 한다. 거세하지 않은 수컷의 경우 12.6세, 거세한 수컷의 경우는 13.7세의 평균수명을 보였고, 임신 경험이 있는 암컷은 11.2세, 임신 경험이 없는 암컷은 14.9세의 평균수명을 보여 암수 모두 거세나 피임 수술을 한 경우가 그렇지 않은 경우보다 평균수명이 약간 길었다.

🐾 개의 수명

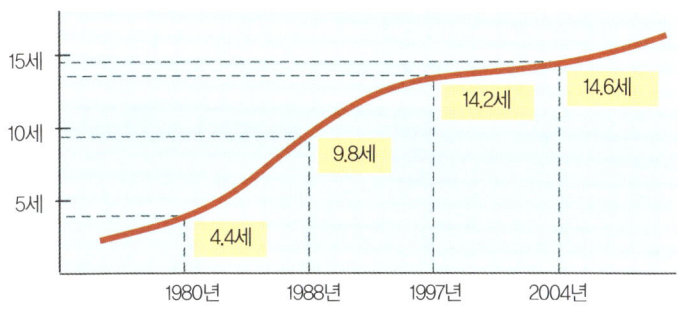

개는 소형견일 경우 15세 전후, 대형견일 경우 10세 전후까지 사는 것이 일반적이다.

견종이나 체격, 생활환경 등에 따라 차이가 있지만 대체로 개의 수명은 12~16세 정도라고 볼 수 있다. 개의 세계에서도 사람과 마찬가지로 평균수명이 늘어나 고령화가 진행 중인 셈이다. 개가 장수하게 된 원인으로는 양질의 식사와 수의학의 발달, 식생활과 생활환경의 향상, 주인의 애정과 적절한 관리, 질병 예방에의 노력 등을 들 수 있다.

풀어놓고 키우거나 마당에서 키우는 일이 많았던 예전에는 광견병이나 홍역, 심장사상충 등의 질병이 개의 수명을 위협했다. 하지만 백신 접종의 보급과 함께 전염병은 급속도로 줄어들었다. 그 대신 인간과 함께 실내에서 생활하게 된 이후부터는 암, 심부전증, 당뇨병 등 나이와 함께 찾아오는 생활습관병이 사망 원인의 70% 이상을 차지하게 되었다.

개는 인간보다 네 배에서 일곱 배 정도의 속도로 나이를 먹는다. 견종, 체형, 건강 상태 등에 따라 차이를 보이기 때문에 단순하게 말할 수는 없지만 인간에 비해 빠른 속도로 성장하고 있는 것만은 확실하다. 생후 1년에서 2년이 되면 개는 어른, 즉 성견이 된다. 개는 아무리 나이를 먹어도 천진난만한 아기처럼 느껴지지만, 어느 순간부터는 사람보다 더 빨리 늙어가는 존재다.

소형견의 경우 인간의 나이로 환산하면, 생후 1년 반이 20세, 생후 2년이 24세, 3년이 28세, 5년이 36세, 7년이 44세 정도가 된다. 그 이후부터는 개의 1년이 인간의 4년에 해당한다. 대형견의 경우는 2년 만에 인간 나이의 20세에 도달하며, 그 이후부터는 개의 1년이 인간의 7년에 해당한다.

중·소형견은 성견이 될 때까지의 성장이 빠르며, 일곱 살부터 천천히 노화가 시작된다. 대형견의 경우 성견이 되기까지의 성장은 중·소형견보다 느리지만 그에 비해 노화는 빨라 생후 5~6년부터 시작된다.

체중은 수명을 예측하는 데 중요한 정보다. 개의 신장과 체중 사이의 관계를 따져 수명을 통계분석한 자료에 따르면, 일반적으로 체중이 가벼운 견종이 무거운 견종보다 오래 산다는 연구 결과를 찾아볼 수 있다.

몸에 큰 부담을 주는 비만은 장수의 가장 큰 적이다. 영양분의 과다 섭취와 운동 부족으로 비만 증상을 보이는 개가 크게 늘어났다. 반려견을 잘 관찰해 이상적인 체중을 파악한 후 평소부터 건강관리를 해주다 보면 질병도 조기에 발견할 수 있다. 즉, 개의 수명을 늘리거나 줄이는 것은 주인이 어떻게 하느냐에 달려 있기도 하다.

🐾 사람의 나이로 환산한 개의 나이

생후 1개월

생후 6개월

생후 1년
= 인간 나이 약 10세

개는 생후 1~2년이면 어른이 된다.

발바닥의 패드는 어떤 역할을 할까?

개가 흙이나 눈 위를 걸어가면 발자국이 남는다. 이는 발바닥에 있는 '패드pad'(발바닥에 볼록하게 나온 털이 없는 부분_옮긴이)가 남긴 흔적이다. 귀여운 모양에, 팽팽하면서 동시에 거칠거칠하기도 한 희한한 감촉을 가진 것이 바로 패드다.

그런데 혹시 개의 앞발과 뒷발의 발가락 수가 서로 다르다는 사실을 알고 있는가? 보통 앞발의 발가락 수는 다섯 개, 뒷발의 발가락 수는 네 개이지만 가끔 뒷발의 발가락 수도 다섯 개인 경우가 있다. 퇴화한 며느리발톱(원래 조류의 다리 뒤에 붙어 있는 돌기를 일컫는 말이다. 개의 경우 사람의 엄지발톱 자리에 있는 가장 작은 발톱을 말한다_옮긴이)이 여전히 붙어 있는 경우다.

원래 개는 앞뒤 모두 다섯 개의 발가락을 가지고 있었지만, 발바닥 안쪽의 발가락 하나가 퇴화했다. 뒷다리의 발가락 하나는 완전히 소멸되었고 앞다리에서는 지면에 닿지 않는 위쪽에 조그맣게 남아 있게 되었다.

발바닥 중 지면에 닿는 부분인 패드는 지방조직을 감싼 각질층이 발달한 것으로, 발끝에 있는 '지구指球', 발바닥 중앙에 있는 '족저구足底球', 발목 부분에 있는 '수근구手根球'의 세 부분으로 나뉘어 있다.

그중 발의 제일 뒤쪽에 있는 수근구는 개의 패드 부분 중 퇴화한 곳으로, 개가 외로움을 느끼거나 스트레스를 받으면 그 부분을 핥으며 기분을 푼다고 한다. 패드를 덮고 있는 피부는 다른 곳의 피부보다 튼튼해 쉽

🐾 패드의 구조

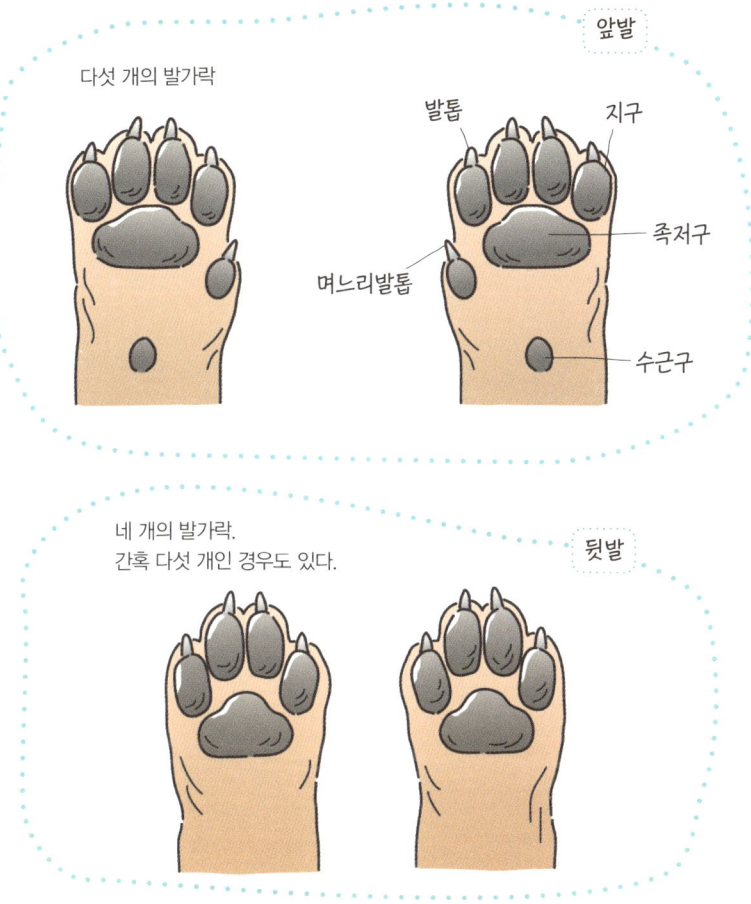

게 닿지 않는 구조로 되어 있다. 또 패드에는 걷거나 뛸 때 다리가 미끄러지지 않도록 털이 나 있지 않으며, 개의 체중을 지탱해주는 한편 걸을 때 지면 사이에서 완충 역할을 해주고 있다. 이러한 패드 덕분에 개는 발자국 소리를 내지 않고 사냥감에 가까이 접근할 수 있다.

일반적으로 동물이 걷는 방법에는 세 가지가 있다.

첫째, 인간이나 원숭이, 곰처럼 발뒤꿈치까지 완전히 땅에 붙이며 걷는 방법이다.

둘째, 개와 고양이, 여우와 너구리처럼 패드가 있는 발끝만 땅에 붙이며 걷는 방법이다.

셋째는 말, 멧돼지, 사슴처럼 발굽 전체로 걷는 방법이다.

첫 번째 방법은 걷는 속도가 늦고 세 번째 방법은 발자국 소리가 큰 단점이 있다. 두 번째의 경우처럼 패드를 이용한 걷기는 보다 빠르고 조용하게 이동할 수 있는 방법이다. 천연 지방조직으로 만들어진 '쿠션 좋은 신발'을 신고 있는 셈이다.

개는 고양이와 달리 발톱을 드러냈다가 숨겼다가 하는 것은 불가능하다. 하지만 먹이를 발견하고 추적할 때 발톱으로 지면을 단단히 박차며 오랫동안 계속 달리는 것이 가능하다. 또한 바위가 많은 장소처럼 걷기가 불편한 곳에서는 발톱이 미끄럼 방지 역할을 하여 안전하게 걸을 수 있게 해준다.

태어난 지 얼마 되지 않는 강아지의 패드는 엷은 분홍색으로, 마시멜로처럼 부드럽다. 하지만 성장해 걸을 수 있게 되어 패드가 자극을 받으면 색깔이 점점 검어지고 거칠거칠하게 딱딱해진다. 패드의 색깔이 변하는 이유는 지면과의 마찰에 의한 색소 침착 때문이다.

나이를 많이 먹은 개의 패드는 매우 두툼하며 뻣뻣하게 각질이 일어나는 경우가 있다. 이럴 때는 사람이 쓰는 각질 관리용 크림을 발라주는 것이 좋다.

패드에는 독특한 냄새가 난다. 그 이유는 땀과 비슷한 분비물을 배출하는 에크린샘이라는 기관이 있기 때문이다. 발바닥의 패드는 개의 몸 중 유일하게 땀샘이 있는 곳으로 그곳에서 나는 냄새는 개에 따라서 서로 다르다.

수컷의 경우 배변한 후 뒷다리로 지면을 파헤치는 행동을 해서 자기 발바닥의 냄새를 그곳에 남기는 마킹 행위를 하기도 한다.
　패드의 탄력이 사라지거나 딱딱해지는 것은 병이 있다는 징조일 가능성도 있다. 한여름에 뜨거운 아스팔트 위를 걷게 하면 패드가 화상을 입을 위험이 있으므로 주의해야 한다.
　패드는 많은 수의 혈관이 모여 있는 곳으로 상처 입으면 피가 많이 나기도 한다. 그러나 신경세포의 수는 적기 때문에 고통은 그다지 느끼지 않는다고 한다. 다리를 절며 패드를 지면에 대지 못하는 경우에는 골절이나 상처가 의심되니 곧바로 치료를 받아야 한다.

🐾 개, 인간, 말의 서로 다른 보행법

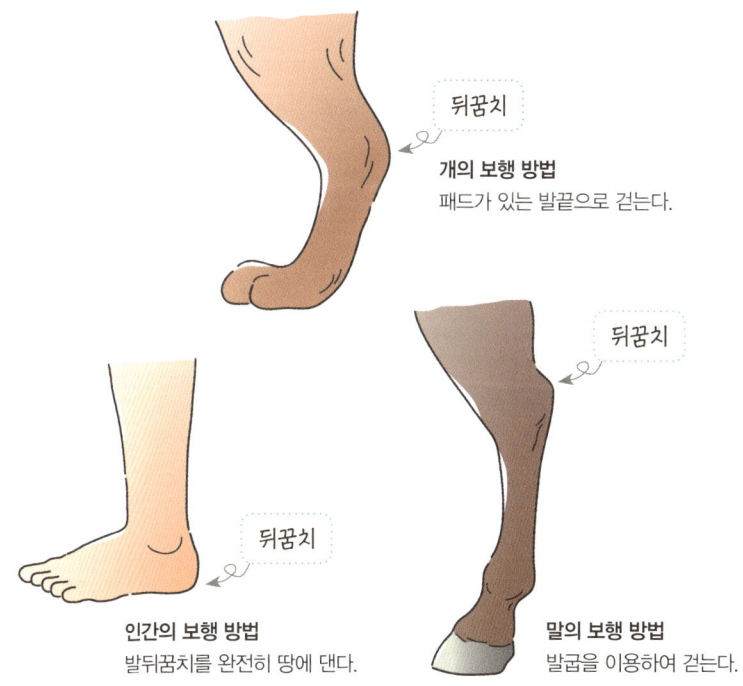

개의 보행 방법
패드가 있는 발끝으로 걷는다.

인간의 보행 방법
발뒤꿈치를 완전히 땅에 댄다.

말의 보행 방법
발굽을 이용하여 걷는다.

개도 스트레스를 받을까?

현대사회를 스트레스 사회라고 일컬을 만큼 스트레스는 어디에나 존재한다. 인간과 관계가 밀접한 개 역시 매일의 생활 속에서 끊임없이 스트레스에 노출되어 있다. 그중에는 노이로제나 심신증心身症(정신적인 원인에 의해 몸에 아무런 이상이 없는데도 통증을 호소하는 증상. 정신신체증이라고도 한다_옮긴이)에 걸리는 경우도 있다.

스트레스의 원인으로는 자라난 환경, 추위나 더위, 배고픔, 소음, 운동 부족, 고독, 지루함, 불안, 환경의 변화, 병이나 상처로 인한 고통 등 여러 가지 요인을 들 수 있다.

🐾 다양한 스트레스의 원인

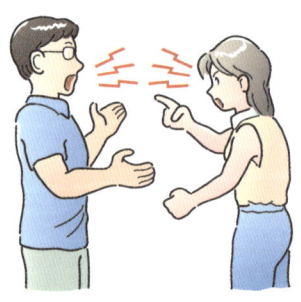

부부 싸움

'개의 뇌에는 대뇌피질 및 자율신경계에 연결된 대뇌변연계가 있으며 인간의 뇌구조와 상당 부분 닮아 있다. 또한 행동학에서 볼 때도 초기에 사회화된 개와 그 주인과의 관계는 아이와 부모 간의 관계에 비교해도 될 만큼 밀접하다'(마이클 W. 폭스, 『개의 마음을 이해할 수 있는 책』)라고 할 만큼 개는 무리의 리더인 주인이 보이는 반응에 커다란 영향을 받는다. 무리의식이 강한 만큼, 자신과 함께 행동하는 주인의 일관성 없는 행동에 커다란 스트레스를 받기도 한다.

스트레스를 받으면 개의 몸과 행동에 여러 가지 징후가 나타난다. 침착성이 사라지고 사물에 대한 민감한 반응을 보이며 지나치게 몸을 긁기도 한다. 또한 눈 사이나 입 주변에 주름이 생기기도 하고 혀를 내민 채 헐떡거리기도 한다. 이외에도 심박수가 빨라짐, 귀가 뒤로 넘어감, 꼬리가 아래로 처짐, 하품을 자주 함, 털이 많이 빠짐, 갑자기 비듬이 생김, 체취와 구취가 심해짐, 자신의 입 주변을 쓸데없이 핥아댐, 눈을 깜빡거

병이나 상처

고독한 환경 혹은 운동 부족

림, 주인에게 지나치게 응석을 부림, 아무 곳에서나 배설함, 설사를 함, 공격적으로 변함, 몸의 한 부분을 지속적으로 핥음, 같은 장소를 빙글빙글 돌며 반복함 등등 개에 따라 보이는 스트레스의 징조는 다양하다.

평소부터 개의 행동을 잘 관찰해두면 어떤 경우에 개가 좋지 않은 상태에 빠지는지 스트레스의 원인을 알 수 있게 된다. 스트레스 상태가 지속되어 만성화되면 심신의 균형이 무너져 그로 인한 질병을 일으킬 가능성도 있다.

반려견이 보이는 징조를 민감하게 알아차리고 건강 상태를 체크해 스트레스의 원인이 되는 요인을 가능한 한 없애주는 것이 중요하다. 그리고 스트레스를 해소할 수 있도록 개가 좋아하는 것을 제공해주거나 함께 놀아주는 것도 중요하다. 다정하게 말을 건다거나 몸을 만져주며 개가 안심할 수 있도록 평소보다 더 많은 스킨십을 해주는 등 몸과 마음의 긴장을 풀어주는 것도 좋다. 등이나 가슴을 부드럽게 만져주면 개가 쉽게 안정을 되찾는다.

사람에게 열중할 수 있는 취미가 있으면 생활에 활력이 생기는 것처럼, 개에게도 몰두할 수 있는 놀잇감을 찾아주고 삶의 질을 높여줄 수 있는 궁리를 하는 것도 좋다. 하지만 무엇보다도 중요한 것은 개를 애정으로 대하며 보다 좋은 관계를 쌓아갈 수 있도록 노력하는 일이다.

아쿠트 넷 AQUTNET에서
반려인에게 물었습니다

Research1

개를 어떤 환경에서 키우고 있습니까?

단독주택과 아파트, 맨션 등 실내에서 개를 키우는 경우가 실외에서 키우는 경우보다 많았다. 요즘 들어 반려동물을 키울 수 있게 하는 아파트나 다세대 주택이 늘어난 영향도 있는 듯하다.

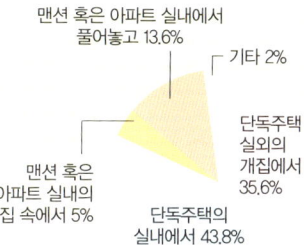

- 맨션 혹은 아파트 실내에서 풀어놓고 13.6%
- 기타 2%
- 단독주택 실외의 개집에서 35.6%
- 맨션 혹은 아파트 실내의 개집 속에서 5%
- 단독주택의 실내에서 43.8%

조사 기간 2006년 9월 6일~9월 16일

Research2

개는 어디에서 구입하셨습니까?

반려동물 센터에서 구입하거나, 지인에게서 구입, 또는 얻어와서 키우는 사람이 압도적으로 많은 가운데, 유기견 센터에서 개를 데려온 경우와 버려진 개를 데려와서 키운다는 사람도 의외로 많았다. 마음씨 착한 새 주인을 만난, 행복한 개의 수가 15%나 된다.

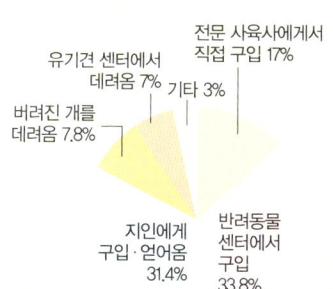

- 유기견 센터에서 데려옴 7%
- 전문 사육사에게서 직접 구입 17%
- 버려진 개를 데려옴 7.8%
- 기타 3%
- 지인에게 구입·얻어옴 31.4%
- 반려동물 센터에서 구입 33.8%

조사 기간 2006년 9월 6일~9월 16일

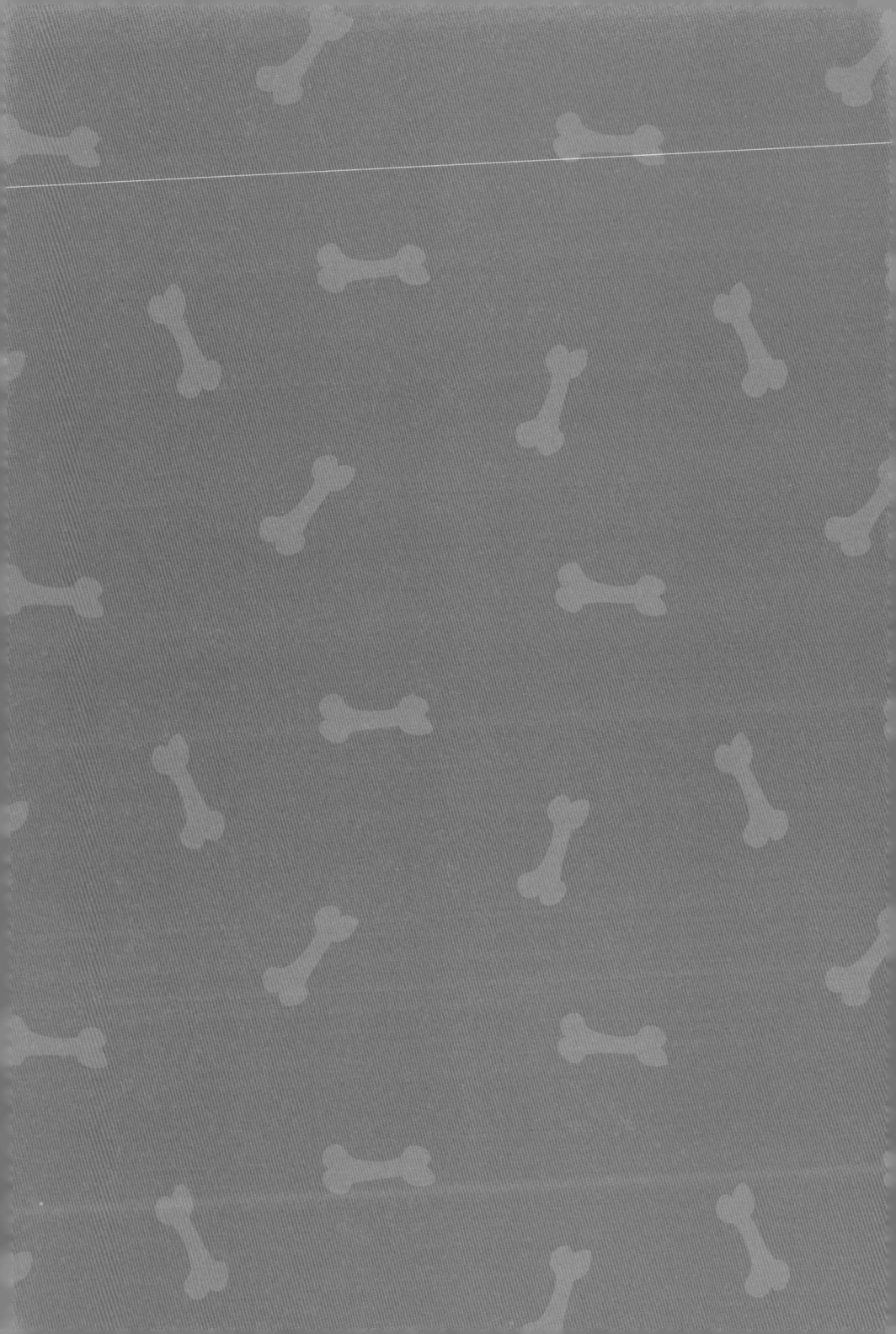

part
3

견종에 관한 질문

치와와 세인트버나드처럼 체격이 극단적으로 다른 개가 있는가 하면,
다른 종과는 달리 흰색 털의 품종밖에 없는 몰티즈 같은 개도 있다.
Part3에서는 견종에 따른 특징과 성격의 차이,
그리고 그와 같은 차이를 보이게 된 역사에 대해 설명하겠다.

이 세상에 얼마나 많은 견종이 있을까?

조니와 함께 산책하다 보면 참으로 다양한 개들과 만나게 된다. 과연 지구상에는 얼마나 다양한 견종이 존재하는 것일까? 현재 FCI(Federation Cynologique International 세계애견협회)에 등록되어 있는 견종은 338종이다. 그러나 협회에 등록되어 있지 않은 견종까지 모두 합하면, 전 세계적으로 700~800종이 존재하고 있다고 한다.

개의 조상은 동아시아의 늑대다. 인간에게 접근해 온 늑대를 길들인

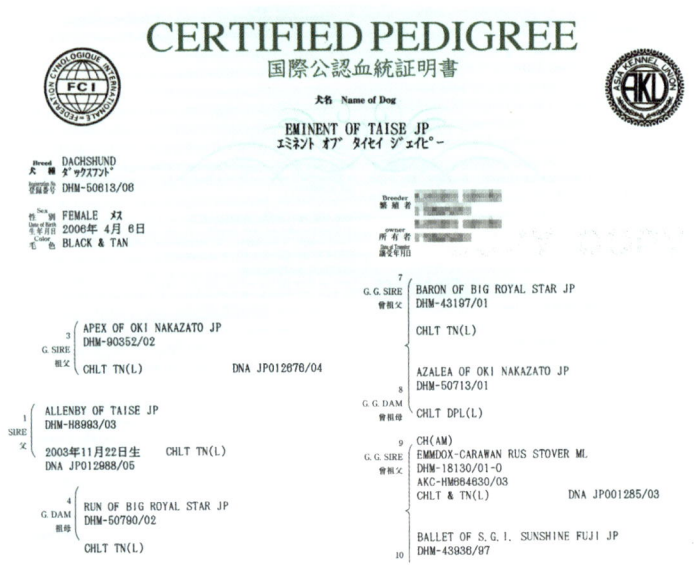

일본 켄넬 클럽에서 발행된 국제 공인 혈통 증명서. 왼쪽 상단에 FCI의 로고를 볼 수 있다.

후 교배를 통해 태어난 새끼들 중, 주변 상황에 민감하게 반응해 잘 짖고 인간을 잘 따르는 성질을 가진 것들만 남겨 지금에 이르게 된 것이다.

인간이 가축을 방목하면서부터는 열심히 작업을 돕는 개가 필요했으며, 보다 더 우수한 종을 얻기 위한 활발한 교배가 행해지기 시작했다. 태어난 강아지들 중 보다 우수한 성질의 것들만 선택하고 남겨가는 방법으로, 보다 기르기 쉬우며 보다 인간에게 유익한 새로운 견종을 만들어 갔다.

수상한 사람이나 외적에 대해 민감하게 반응하며 주인의 생명이나 재산을 지키는 번견, 사람의 지시에 잘 따르고 가축을 한곳으로 몰며 뛰어가는 활력 넘치는 목양견, 표적을 발견하는 뛰어난 감각과 야생동물에 맞서는 성질을 가진 사냥견 등 각각 인간이 원하는 기질을 가진 개를 선택해 적극적으로 교배해왔다.

특히 18~19세기에는 순종적이며 학습 의욕을 가진 사냥개나 목양견을 기본으로, 50종류 이상의 조렵견Gundog이 탄생되었다. 조렵견 안에는 주로 수영이 가능한 수중사냥개, 사냥감을 발견하면 정지 자세를 취하고 주인에게 알려주는 포인터와 그 자리에 엎드려 주인에게 알려주는 세터, 총에 맞아 떨어진 사냥감을 찾는 탐색견, 사냥감을 물고 오는 회수운반견의 다섯 그룹으로 크게 나뉜다.

그러나 같은 견종인데도 능력이나 겉모습에 개인차가 있는 등 당시까지만 해도 일관적이지 않은 모습을 보였다. 새로운 견종을 만들고 육성하기 위해, 개인이 여러 마리의 개를 키우면서 그 혈통을 유지하는 데는 한계가 있었기 때문이다.

이런 한계를 극복하고 새로운 품종을 보다 발전시키기 위한 움직임이 나타나기 시작했다. 새로 만들어진 품종을 사람들에게 공개한 후, 보다 많은 사람들이 그 품종의 개를 키우도록 하는 취지의 '도그쇼dog show'가 바로 그것이다.

최초의 도그쇼는 1989년 영국에서 개최되었다. 처음에는 세터와 포인터라는 두 품종의 개만 출품되었지만, 쇼가 자주 열리면서 출장하는 견종도 늘어나게 되었다.

도그쇼의 심사 기준도 만들어졌다. 개개의 견종에 대한 이상적인 모습을 자세하게 정리한 '견종 표준(스탠더드)'이 바로 그것이다. 견종 표준은 견종에 따라 서로 다른 이상적인 모습을 규정해놓은 것으로, 체격, 골격, 치아, 피부, 기질 등 개가 가지고 있는 본래의 특성을 자세하게 정리해놓은 것이다.

브리더breeder(개를 키우는 일을 전문으로 하는 사람_옮긴이)로서 개를 번식시킬 때는 견종 표준에 보다 근접한 개를 만들기 위한 노력이 필요하다. 견종 표준이란 견종의 특징을 유지하는 동시에, 그 질을 높이기 위해서 매우 중요한 지침이라 할 수 있다. 그리고 이와 같은 견종 표준에 의거해, 도그쇼 또한 더 활발하게 개최될 수 있게 되었다.

🐾 견종의 표준은?

견종 표준, 즉 스탠더드는 개개의 견종이 가진 이상적인 모습을 자세하게 정리해놓은 규정을 말한다.

표준 키
45~60cm

하나의 견종으로서 확립되기까지는 긴 시간이 필요하다. 새로운 견종을 만들어내고자 할 때는 처음부터 계획을 세운 후 하나하나 신중하게 해나가야 한다. 인간의 용도에 맞춰 개량해나가는 과정에서 개의 모습은 다양하게 변화해갔다. 그래서 지금처럼 다양하고 풍부한 견종이 생겨나게 된 것이다.

개의 조상은 정말 늑대일까?

　유전적으로나 생물학적으로 개와 많은 공통점을 가지고 있는 늑대가 개의 직계 선조라는 설이 일반적이며, 또 지금까지 나온 가설 중 가장 유력한 설이기도 하다.

　늑대와 개의 유전자는 99% 이상의 높은 확률로 일치하며, 이종교배로 개와 늑대 사이에 태어난 '늑대개' 또한 번식 능력이 있다. 한편에서는 늑대가 개의 선조라기보다는 아주 가까운 친척 관계라는 설도 있다.

　미국의 과학지 〈사이언스〉에 의하면 약 1만 5,000년 전, 동아시아에서 늑대를 가축으로 기르던 과정에서 개가 태어나게 되었으며, 이렇게

유럽 늑대 (사진 제공 : 마츠오카 기요시 松岡 潔)

태어난 개가 전 세계로 확산되었다는 사실이 유전자 해석으로 밝혀졌다. 아시아 전역에서 유럽에 이르기까지 수천 년에 걸쳐 확산된 개는 각지의 늑대와 교배되었고, 이 때문에 다양한 견종이 탄생될 수 있었던 것으로 추정되고 있다.

개와 늑대의 관계

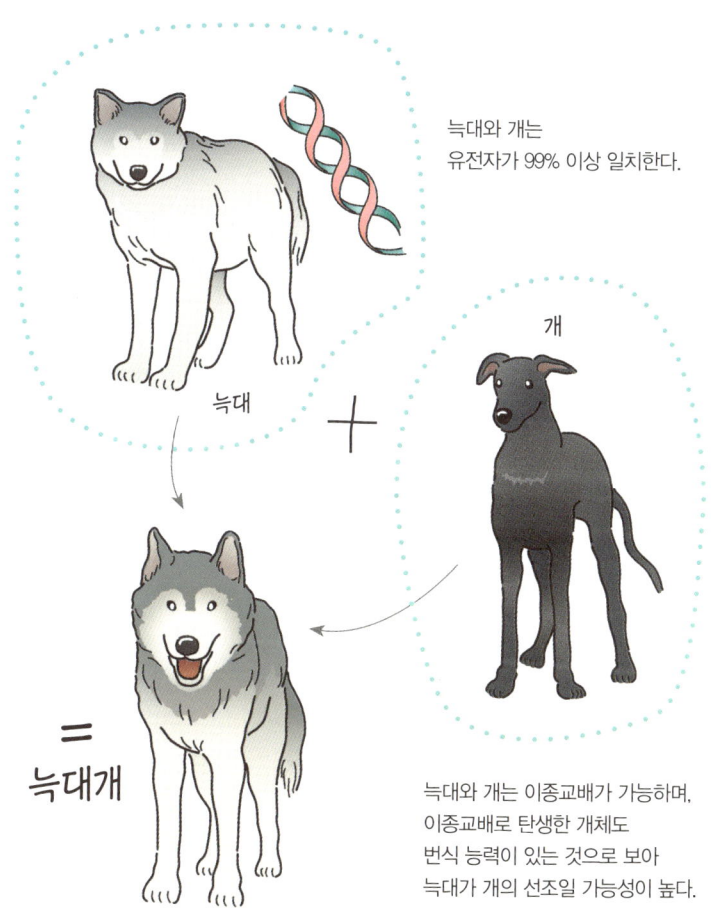

늑대와 개는 유전자가 99% 이상 일치한다.

늑대와 개는 이종교배가 가능하며, 이종교배로 탄생한 개체도 번식 능력이 있는 것으로 보아 늑대가 개의 선조일 가능성이 높다.

1만 2,000년 전의 이스라엘 유적에서는 인간과 함께 매장된 개의 뼈가 발견되었다. 수렵생활을 하던 시기, 인류가 먹고 남긴 음식을 먹으려고 늑대가 인간의 무리로 접근하게 되었고, 짖어서 위험을 알리고 사냥에 도움이 된다는 사실을 깨달은 인간은 늑대의 새끼를 키우기 시작했다. 순하고 사람을 잘 따르는 순종적인 성질을 가진 늑대를 골라 번식시키고 기르는 과정에서 현재의 개가 만들어질 수 있었다. 그 후 각지에서 개의 품종개량이 이루어져 용도에 적합한 다양한 견종이 만들어지게 되었다.

한편에서는 어느 특정 동물이 개로 진화한 것이 아니라 늑대나 자칼, 야생개 등 다양한 동물의 복잡한 교배로 태어난 동물을 인간이 키우기

갯과의 조상

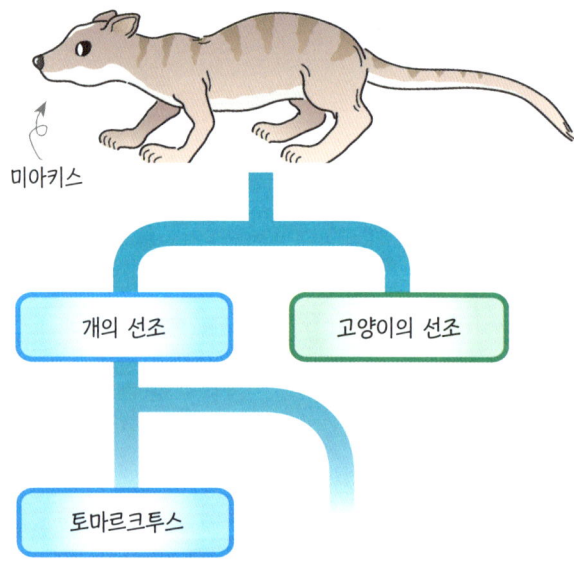

미아키스는 갯과, 고양이과, 너구리과, 곰과 등 식육목의 선조로, 약 6,500만 년 전에 살았던 육식동물이다.

시작하면서 현재의 개로 진화했다는 설도 있다. 하지만 이 설은 아직 추측 단계에 불과하다. 참고로 오스트레일리아 들개 '딩고dingo'는 동남아시아에서 유입된 개가 야생화한 것으로, 야생개의 직계 후손은 아니다.

개의 선조를 거슬러 올라가보면 '미아키스Miacis'라는 동물과 만날 수 있다. 미아키스는 지금의 갯과, 고양이과, 족제비과, 곰과 등 식육목에 해당하는 동물의 공통된 조상이라 여겨진다. 이것을 바탕으로 생각하면 개나 고양이의 선조는 같은 동물이라고 할 수 있다.

몸길이가 20~30cm 정도 되는 미아키스는 약 6,500만 년 전 유럽 대륙과 북미 대륙의 삼림지대에서 지상 생활을 해왔던 육식동물로, 쥐와 같은 작은 동물을 먹고 살았다. 이후 미아키스는 초원에서 집단으로 행동하며 커다란 동물을 사냥하던 개의 선조와 삼림에 여전히 남아 있던 고양이의 선조로 나뉘게 된다.

개의 선조가 되었던 미아키스 무리 안에서는 자연스레 리더가 생겨났고, 그에 따라 서열도 정해지게 되어 무리 속에 질서도 만들어졌다. 그 후 일부의 미아키스는 자칼, 여우, 너구리 등 개속屬에 해당하는 동물들의 선조인 '토마르크투스Tomarctus'로 진화하게 되고 이 토마르크투스가 늑대의 직계 조상이라 일컬어지고 있다.

당시의 늑대는 육지와 이어져 있던 베링해협(북아메리카 대륙의 알래스카와 유라시아 대륙의 시베리아 사이에 있는 해협_옮긴이)을 건너 아시아까지 진출했다. 그 후 앞서 설명한 것 같은 과정을 거쳐 늑대에서 진화한 개는 인간의 생활에서 없어서는 안 되는 동료가 되었다.

인간의 가장 좋은 친구인 개. 만약 인간이 개와 만나지 못했다면 인간의 생활은 지금과는 전혀 다른 모습이었을지도 모른다.

견종에 따라 성격이 다른 이유는?

　내가 자주 펼쳐보는 『강아지 사전』이라는 책에 의하면, 견종을 크게 일곱 종류로 구분하고 있다. 조렵견 무리를 모은 '스포팅 도그Sporting Dog' 그룹, 수렵견 무리인 '하운드Hound' 그룹, 사역견인 '워킹 도그Working Dog' 그룹, 구멍 속에 은닉한 작은 사냥감을 찾는 '테리어Terrier' 그룹, 소형견종을 모은 '토이 도그Toy Dog' 그룹, 비조렵견·가정견 무리인 '논 스포팅 도그Non Sporting Dog' 그룹, 목양견·목축견 등의 '허딩 도그Herding Dog' 그룹 등이 바로 그것이다.

　이와 같은 구분에 따라 그 성격도 달라진다. 예를 들어 사냥감이 있는 장소를 알려주는 세터나 포인터, 골든 레트리버와 같이 총에 맞아 떨어진 사냥감을 물고 오는 회수운반견의 경우는 대부분 잘 짖지 않는 성향을 보인다. 쉽게 짖어대면 사냥감이 알아차리고 도망가버리기 때문이다. 이처럼 사냥감을 쫓아가는 습성이 있는 조렵견들은 공이나 원반을 이용한 놀이를 무척 좋아한다.

　닥스훈트나 비글 같은 수렵견은 오소리를 구멍 속으로 몰아넣기 좋도록 독일에서 개량된 견종이다. 이렇게 개량으로 만들어진 긴 몸체와 짧은 다리는 요즘 사람들에게 매력 포인트로 작용해 인기를 끌고 있다. 닥스훈트나 비글이 잘 짖는다고 곤란해하는 주인도 있지만, 이는 짖으며 사냥감을 몰아가던 본능에서 유발된 행동이다. 아프간하운드Afghan Hound나 러시아 원산의 보르조이Borzoi도 같은 성향을 가지고 있다. 이들은 순

🐾 견종에 따라 성격도 다르다

스포팅 도그 (조렵견)

조렵견은 사냥감의 위치를 알려주는 역할을 하는 개로, 대부분 잘 짖지 않는 성향을 보인다.

하운드 (수렵견)

사냥감을 굴속으로 몰아넣는 수렵견은 동물을 몰아가기 위해 잘 짖는 성향을 보인다.

워킹 도그 (사역견)

주로 파수견 역할을 하는 사역견은 독립심이 강하고 의지가 분명하다.

발력이 뛰어나며 달리는 것을 좋아한다.

아키타견이나 시베리아허스키, 사모예드Samoyed, 세인트버나드는 사역견이다. 침입자로부터 재산이나 안전을 지키는 번견으로서 뛰어난 능력을 보이며, 독립심과 의지가 강한 것이 특징이다.

미니어처 슈나우저Miniature Schnauzer, 에어데일 테리어Airedale Terrier 등 테리어 종류는 땅속이나 바위굴에 사는 작은 동물을 위한 사냥개다. 테리어 종은 몸집의 크기와 상관없이 두려움을 모르며 자존심과 독립심이 강한 견종이다.

치와와, 몰티즈, 파피용, 시추, 요크셔 테리어 등은 소형견 그룹이며, 불도그, 달마시안, 푸들, 프렌치 불도그 등은 가정견·비조렵견이다.

웰시 코기, 셰틀랜드 시프도그, 콜리는 목양견·목축견 그룹이다. 코기는 소형견이지만 다부진 체형으로 스피드와 지구력도 겸비하고 있는 견종이다. 가축의 뒤꿈치를 물며 한곳으로 몰아가는 일을 했던 견종이기에 무언가를 쫓아가는 것을 좋아하며, 흥분하면 주인의 뒤꿈치를 깨무는

🐾 견종마다 성격이 다르다

경우도 있다.

　셰틀랜드 시프도그나 콜리의 역할은 짖어대며 양 떼를 통제하는 것이었다. 요즘은 셰틀랜드 시프도그가 지나치게 잘 짖어 문제가 되기도 하지만 예전에는 짖지 않는 셰틀랜드 시프도그는 목양견으로서 제 역할을 하지 못하는 것으로 간주되었다.

　인간은 여러 가지 목적을 위해 실로 다양한 종류의 견종을 만들왔으며 그 견종에 따라 지니고 있는 성질이 전혀 다르다. 생활해온 지역이나 개에게 부여된 역할 등 그 견종이 탄생하게 된 뿌리를 알면, 품종에 따라 개의 성격이 다른 이유도 쉽게 이해할 수 있다.

　지금 대부분의 개들은 특정의 역할을 수행하기보다는 가족의 일원으로 귀여움을 받으며 살아간다. 하지만 여전히 개들은 육체적으로도 정신적으로도 각자의 견종이 가지고 있던 특성을 그대로 지니고 있다. 인간과 개의 공생 관계에 있어 견종의 개성을 이해하면 개와 인간과의 관계를 보다 새롭게 바라볼 수 있다.

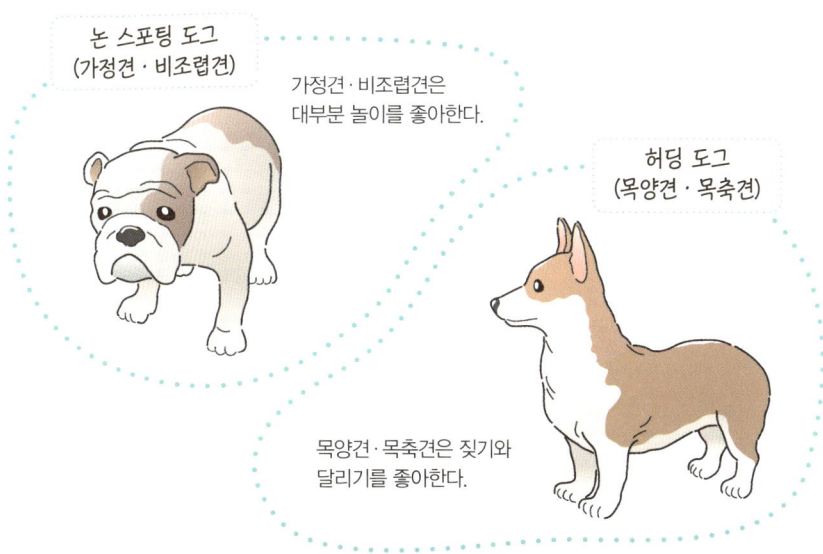

치와와와 세인트버나드의 교미가 가능할까?

멕시코 원산의 치와와는 체중 2kg 정도의 작은 품종이다. 그에 비해 세인트버나드는 대형견의 대표적인 개로, 체중이 90kg이나 나간다. 치와와 세인트버나드의 체중을 비교하면 약 45배의 차이가 난다. 이 정도로 몸집에서 큰 차이를 보이는 개들끼리는 자연적인 교미가 불가능하다.

물론 인공수정의 방법을 동원하면 둘 사이의 새끼를 교배시키는 것도 가능하다. 그러나 만일 수컷의 세인트버나드와 암컷의 치와와 간의 교미가 가능했다고 하더라도, 둘 사이의 임신과 출산에는 커다란 위험이 뒤따른다. 치와와의 자궁 속에서 자라는 새끼의 크기가 모체에 비해 너무 커서 암컷 치와와의 몸에 무리가 가기 때문이다.

지금 우리가 접하고 있는 대부분의 개는 300년에서 500년 정도의 시간을 두고 개량되어 하나의 견종으로 안정된 것이다. 현재 비공인의 견종까지 포함하면 700~800종이 세상에 존재하고 있다. 소형견인 치와와부터 대형견인 세인트버나드에 이르기까지, 모양과 크기, 성격이 서로 다른 실로 다양한 견종이 존재한다. 지

세인트버나드는 거대한 체구를 자랑하는 견종이다.

🐾 세인트버나드와 치와와

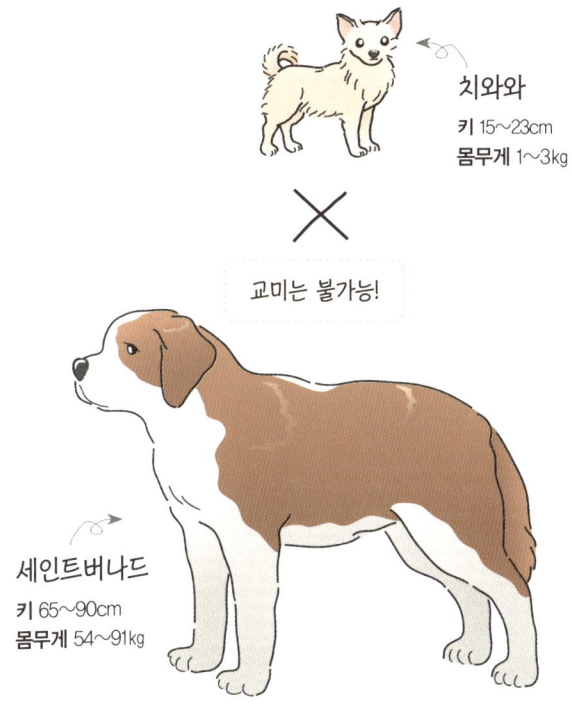

구상에 존재하는 포유류 중 이만큼 다양한 품종을 가진 생명체도 없다.

그렇다면 새로운 견종은 어떤 식으로 만들어지는 것일까? 휘핏Whippet을 예로 들어 살펴보기로 하자. 경주견으로 사랑받는 휘핏은 약 100년 전 영국에서 만들어진 새로운 견종이다. 소형의 그레이하운드Greyhound와 맨체스터 테리어Manchester Terrier, 베들링턴 테리어Bedlington Terrier 등 다양한 테리어 종의 교배로 태어난 견종이다. 휘핏은 원래 토끼잡이를 위해 만들어진 것으로, 사냥 본능이 강한 테리어에 다리가 빠른 하운드의 유전자가 섞여 만들어진 견종이다. 이로써 휘핏은 사냥감을 쫓는 투쟁심이 높은 성격과 함께 빠른 속도로 오랫동안 달릴 수 있는 체력을 가진 개로 진화되었으며, 군더더기 없는 체형으로 완성될 수 있었다. 이후 경주견의 목적 이외에도 '쇼도그Show Dog'(품평대회 출품견)나 가정견의 목적으로도 계획적으로 번식되었다. 현재 휘핏은 순하고 다루기 쉬운 소형견으로 인기가 높다.

  독일에서 만들어진 복서도 비교적 새로운 견종이다. 마스티프Mastiff 계통의 개에 불도그와 그레이트데인, 테리어 등의 교배로 탄생된 견종이다. 복서는 다양한 견종의 우수한 자질을 남기는 데 성공한 품종으로, 독일인이 셰퍼드의 뒤를 이어 완성해낸 훌륭한 사역견이라는 평가를 받고

🐾 휘핏의 탄생

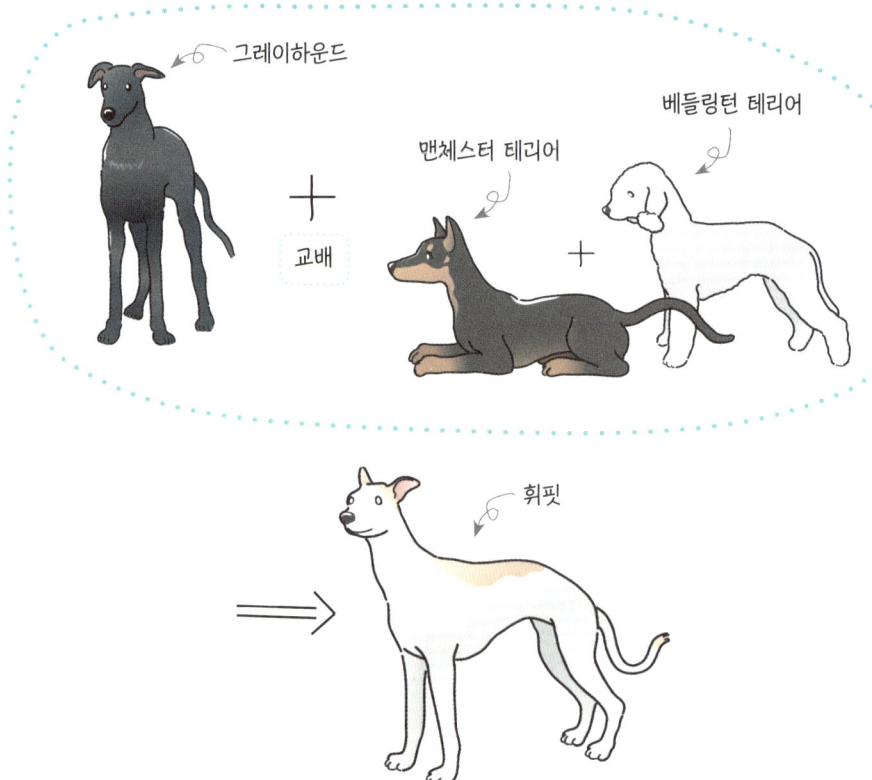

있다.

이와 같이 인간의 '취향'이나 투견과 같은 '오락', 사냥이나 목축의 '협력자'로서 개가 가져야 할 체형과 기질을 추구해온 결과, 점차 새로운 견종이 탄생할 수 있었다.

몇 마리 선조 개 사이의 근친교배로 단기간에 번식시킨 예도 있다. 근친교배의 부작용으로 발생된 개의 유전성 질환은 약 400종류나 된다. 예를 들어 닥스훈트의 경우, '추간 연골 헤르니아'(요추의 연골 부위에 많이 생기는 디스크. 좌골신경통, 요통 등을 일으킨다_옮긴이)나 털 색깔에 따라서는 눈의 질환을 일으키는 종류도 많이 볼 수 있다. 살찌기 쉬운 견종은 당뇨병이나 '부신피질 기능 항진증' 등 호르몬 계통의 질병에 걸리기 쉽다. 대형견에서는 '고관절 형성 부전'이, 소형견에서는 종지뼈(무릎 한가운데 있는 오목한 모양의 작은 뼈_옮긴이)에 문제를 일으키는 '종지뼈 탈구' 현상이 자주 발견된다.

현재 남아 있는 대부분의 견종은 인간의 취향에 맞는 형질만을 추려 교배시켜가는 과정에서 만들어진 것이다. 개는 인간이 만들어낸 특수한 생명체라고 할 수 있는 만큼 주의와 책임이 필요하다. 개를 번식시키는 과정에서는 혈통이나 견종의 특성, 성격 등을 제대로 이해하고 유전성 질환을 미연에 방지하도록 세심한 주의를 기울여야 한다.

체격에 급격한 차이를 보이는 대형견과 소형견 사이의 교배에 대한 첫 질문으로 돌아가보자. 과연 생명에 직결된 위험을 감수하면서까지 세인트버나드와 치와와를 교배시켜 믹스견을 만들 필요가 있을까? 인간의 호기심에 의한 이러한 실험은 실로 불필요한 것이라 하겠다.

믹스견과 순종견의 차이는?

 순종견의 경우 성견이 된 때의 모습을 추측할 수 있지만 믹스견(잡종견)일 경우 그 모습을 추측할 수 없다는 특징이 있다. 순종견은 부모견과 닮은 겉모습이나 성격적 특징을 가진 개로 성장하며, 부모견과 전혀 다른 개가 태어날 가능성은 거의 없다. 이에 비해 믹스견은 겉모습이나 성격적 특징 등 여러 면에서 과연 어떤 개가 될지 성장하기 전까지는 짐작되지 않는다.

 편하게 믹스견이라고 부르는 견종을 크게 두 가지로 분류해볼 수 있다. 무질서한 교배가 거듭되면서 그 유래가 어떤 견종인지 알 수 없는, 선조 대대로부터의 잡종견이 그 하나다. 또 하나는 서로 다른 두 가지 순수 견종의 부모견을 교배시켜 만들어진 품종이다. 예를 들어 지금의 불테리어Bullterrier는 불도그와 테리어의 교배로 만들어진 품종을 안정화시켜 만든 새로운 견종이다. 아무리 순종견이라고 해도 원래는 몇 가지 견종이 서로 섞여서 만들어진 것이다. 그런 의미에서 모든 순종견의 시작은 믹스견이었다고도 할 수 있다.

 조니의 경우(P.7의 사진 참고), 털의 색깔, 얼굴이나 귀의 모양, 체형 등을 살펴보면 비글과 포인터의 피가 섞여 있는 것은 아닐까 추측해보고는 한다. 강아지의 겉모습에서 어떤 견종이 섞여 있는지 대충 알 수 있다면, 그 강아지의 습성이나 성질 같은 것들도 부모견의 견종을 빗대어 어느 정도 예측할 수 있다.

🐾 믹스견의 매력

일반적으로 믹스견은 튼튼하고 오래 산다고 알려져 있다. 잔병치레가 없었던 조니는 어떤 의미에서 전형적인 믹스견이라 할 수 있을 것 같다.

개를 풀어놓고 키우던 예전에는 필연적으로 믹스견이 많았다. 동물 병원에서 치료받을 수 있는 기회도 적었기 때문에 저항력이 떨어지는 개는 자연적으로 빨리 소멸할 수밖에 없었으며, 유전적으로 질병에 강한 믹스견이 살아남는 경우가 많았다.

순종견의 경우 고관절 형성 부전이나 심장질환 등의 유전성 질병에 걸릴 위험이 높은 것에 비해, 믹스견은 유전적 질환이 그다지 많지 않다. 하지만 사육 환경이 크게 변한 현재, 질병에 대한 저항력 면에서 믹스견과 순종견의 차이는 거의 사라지고 말았다.

순종견은 견종에 따라 그 크기나 성격 등 성장 과정을 추측할 수 있어, 효과적인 사육 방법이나 그 견종 특유의 특기 및 장점에 대한 정보를 쉽게 알 수 있다. 그런 까닭에 자신의 취향이나 사육 목적, 생활환경에 알맞은 성질의 개를 선택하여 기를 수 있다는 장점이 있다.

그에 비해 믹스견은 성격이나 성질 면에서 개체차가 있어 효과적인 교육 방법 역시 개에 따라 서로 달라지며, 그 개가 어떤 특기를 가지고 있을지 예측하기 쉽지 않은 경우가 있다. 외양이나 성격 면에서 쉽게 볼 수 없는 특이한 개로 성장할 것이라는 호기심과 가능성 때문에 믹스견을 키우는 것이 더 재미있다는 의견도 있다.

사람들은 믹스견과 순종견 중 어느 쪽이 더 영리한지에 대해서 자주 이야기하고는 한다. 그러나 그 개가 영리한지의 여부는 결국 키우는 사람의 주관적인 것이 아닐까 한다. 절대적인 지능지수라는 부분에서 순종견과 믹스견 사이의 커다란 차이는 없다고 본다.

개의 특징, 능력, 품성과도 같은 것들은 키우는 사람이 얼마만큼의 애정을 개에게 쏟느냐에 달려 있다. 개의 적성을 판단한 후 그것을 어느 정도까지 발전시켜주는가에 따라 개는 크게 변화한다. 훌륭한 혈통을 자랑하는 순종견이든, 어디서 어떻게 태어났는지 알 수 없는 믹스견이든 기르는 방식에 따라 어떤 식으로든 변할 수 있는 존재들이다.

🐾 믹스견과 순종견의 차이

믹스견

믹스견의 강아지는 겉모습, 체격, 성격 등이 어떻게 성장해 나갈지 예측하기 어렵다.

순종견

순종의 강아지는 부모견과 비슷한 외모, 성격적 특성을 가진다.

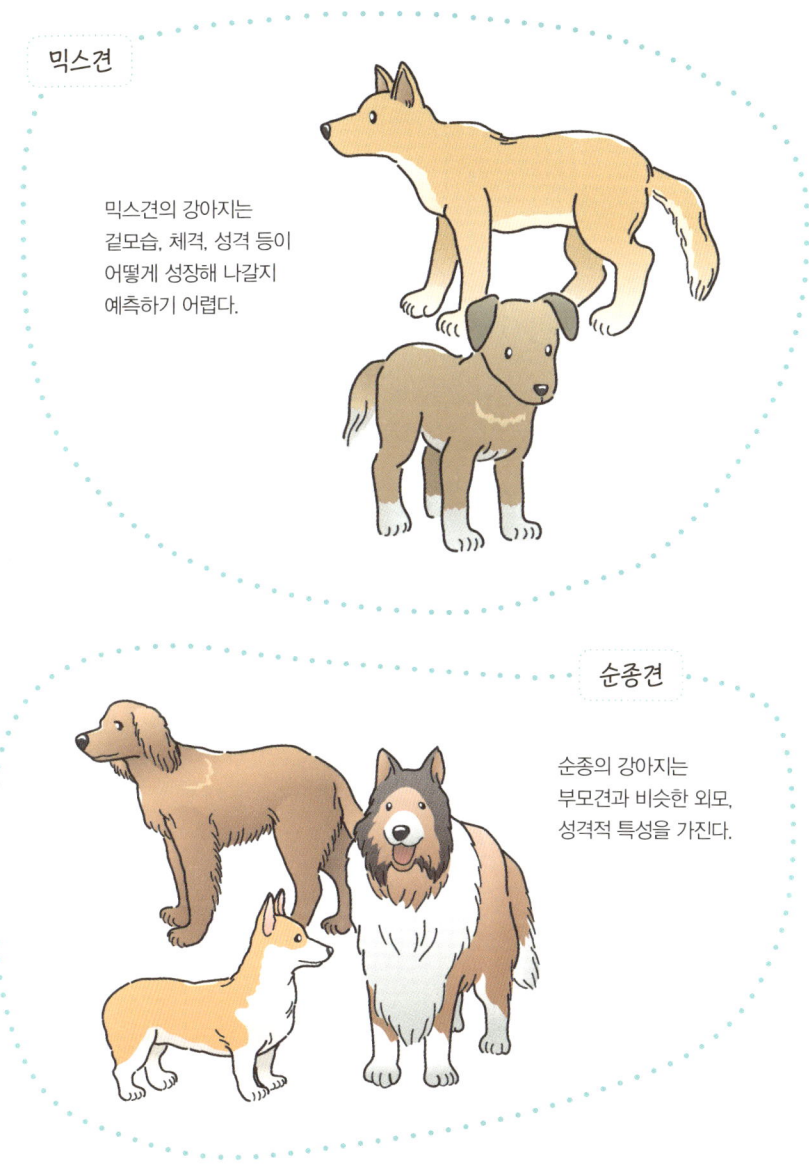

개는 리더를 어떻게 알아볼까?

인간과 함께 생활하고 있는 개에게는 선조인 늑대에게서 물려받은 무리 사회의 생활습관이 여전히 남아 있다. 무리별로 행동하는 늑대에게는 무리를 지휘하는 리더가 있다. 리더의 존재는 절대적인 것으로 무리 동료들 사이의 서열도 확실히 정해져 있다.

무리는 리더의 지시에 따르며 협력하여 사냥한다. 유능하고 존경받는 리더가 존재하고 서로 간에 서열이 확실히 정해져 있어야만 각각의 역할을 수행할 수 있으며, 질서를 지켜가면서 생활해나가는 것이 가능하기

🐾 절대적인 리더의 존재

개의 무리에서 리더의 존재는 절대적이며,
리더의 지시를 기본으로 질서를 유지하며 생활해나간다.

나, 리더!

인간과 더불어 생활하게 되면서 개는
가족 중에서 리더로 보이는 사람을 믿고 따른다.

리더

저 사람이
리더인가 봐

때문이다.

   인간과 생활하게 된 개는 인간의 가족을 무리라고 인식한다. 개는 자신이 의지할 수 있는 리더에게 복종하는 것에서 안도감을 느끼며, 무리를 통솔하는 리더의 곁에서 평생 생활해나가기를 바란다.

   보통 한 번의 출산으로 5~6마리의 강아지가 태어나게 되며, 한배에서 태어난 강아지들 사이에 서열 의식이 싹트는 시기는 젖을 떼는 시기와 맞물리는 생후 4~5주 사이다. 이 시기에 강아지들은 장난치고 싸우는 과정을 통해 리더의 행동과 복종의 몸짓을 배우게 된다. 그러는 가운데 우위를 차지하는 부류와 복종하는 부류가 자연스럽게 나뉘며, 이에 따라 형제간에도 서열이 정해지게 된다.

   강아지는 생후 7~13주 사이에 어미 개를 대신해 새로운 리더를 받아들이게 된다. 리더를 찾는 무리 생활의 본능은 인간의 가족에게로 옮겨가게 되었고, 새로운 집단인 인간 가족에게 적응하게 된다. 자신을 보살

펴주는 주인에게 신뢰감을 보이며, 어미 개에게 하듯 애정을 표현한다.

가장 알기 쉬운 개의 애정 표현은 주인의 손을 핥는 행위다. 이와 같은 행위는 원래 강아지가 어미 개의 입 근처를 핥아 어미가 씹어 부드럽게 만든 음식물을 토해내게 한 후 그것을 받아먹으려 한 행동에서부터 온 것이다.

무리 안에서 서열이 낮은 개는 서열이 높은 개의 얼굴을 핥으며 복종 의사를 표현한다. 이처럼 개가 핥는 행위는 리더를 향한 경의와 복종이라는 의미도 담겨 있다.

주인을 리더로 인정한 개는 주인의 명령을 충실히 따르려고 노력한다. 주인 목소리의 높낮이나 주인의 태도 등을 살피며 자신의 행동을 결정한다. 주인에게 경의를 표하기 위해 이빨이 드러나지 않도록 입술을 당기며 애교를 부리는 몸짓을 할 때가 있는데, 이런 행동을 할 때의 개는 행복해 보인다.

또한 주인에게 혼났을 때 개는 자신의 불안감을 해소하고 기분을 안정시키기 위해 연달아 하품하거나 자신의 코를 핥는다. 주인의 부름을 일부러 외면하기도 한다.

이런 모습은 주인의 입장에서 보면 개가 주인에게 무관심한 것처럼 보이기도 한다. 하지만 개의 이런 행동은 '그렇게 화내지 마세요. 나는 당신에게 잘 복종하고 있어요'라는 의미를 가진 것으로, 종속관계에 대해 표현하고 있는 개의 보디랭귀지다.

주인 앞에서 몸을 뒤집어 보이거나 배를 보이는 것 또한 주인을 리더로서 인정하고 신뢰하기 때문에 보이는 행동이다. 개가 안심하고 있기 때문에 주인에게 몸을 맡기는 행동을 보이는 것이다.

개가 리더에게 끊임없는 신뢰를 보내는 이유는 리더의 지휘 아래에서 행동하던 늑대의 습성이 남아 있기 때문이다. 주인을 리더로서 인정하고 온 마음을 다해 사모하는 행위를 하면서 개는 자신의 기분을 평온하게 유지해나간다.

🐾 리더에게 표하는 복종의 몸짓

리더에 대한 경의와 복종

주인의 손을 핥거나

서열이 높은 개의 얼굴을 핥는다.

몸을 뒤집어 보이거나 배를 보이는 행위는 주인을 리더로서 인정하고 신뢰한다는 증거다.

개에게도 좋고 싫음이 있을까?

　우리 집 개 조니는 비교적 다른 개나 모르는 사람에게도 호의적인 편이다. 조니를 데리고 산책하던 중 처음 보는 개와 만나면 킁킁 콧소리를 내며 금세 친해져 친구가 되기도 한다. 하지만 물론 그렇지 않은 개도 있다.

　어떤 개는 무엇이 못마땅한지 털을 곤두세우고 당장 덤벼들 자세로 조니를 향해 짖기도 한다. 이럴 때 대부분 조니는 상대방 개를 쳐다보지도 않고 총총거리는 빠른 걸음으로 지나치곤 한다. 만나기만 하면 누구나 사이가 좋아져 친구가 되는 것도 아닌가 보다. 개도 사람과 마찬가지로 서로 맞는 취향이나 궁합 같은 것이 존재한다.

　일반적으로 개는 동성에 대해 라이벌 의식을 느끼며 공격적인 행동을 보인다. 암컷은 암컷에게, 수컷은 수컷에게 공격적이다. 가끔 암컷이 수

🐾 성별에 따라 호감도가 다르다

동성에 대해서는 라이벌 의식이 강해
공격적인 행동을 보인다.

컷을 공격하는 경우도 있지만 반대로 수컷이 암컷을 공격하는 경우는 거의 없다.

물론 수컷끼리 사이가 좋은 경우도 있다. 처음 만난 수컷 사이에서는 서로 눈을 바라보다가 눈길을 먼저 돌린 쪽이 그렇지 않은 쪽에 대해 복종한다는 의미를 가진다. 이런 과정을 통해 불필요한 싸움을 피하는 경우도 있다.

두 마리의 개가 처음 만난 상황을 머릿속에 떠올려보자. 우선 서로 천천히 원을 그리는 듯 움직이기 시작한다. 그러고는 신중하게 서로의 항문 근처로 접근해 냄새를 맡기 시작한다. 그런 후 서로 마주 보고 코를 가까이 대며 서로의 성별이나 연령 등의 정보를 확실하게 교환한다. 얼굴 표정이나 보디랭귀지, 냄새 등 다양한 방법으로 서로를 알기 위해 노력하는 것이다.

그 후 상대방이 어떤 반응을 보이는지 살펴본다. 개가 꼬리를 높게 흔들며 목 뒤의 털을 세우지 않는 경우는 상대방에게 마음을 연 상태다. 이렇듯 상대방이 편안한 상태인 것을 확인하면 다른 한 마리의 개도 꼬리

이성에 대해서는
왕성한 호기심을 보인다.

 다른 개와의 교류

강아지 때 다른 개와 접촉할 기회가 부족하면 교류하는 방법을 배우지 못해 다른 개와 제대로 친해지지 못하는 경우도 있다.

를 흔들기 시작한다. 그렇게 최초의 인사가 끝나면 서로 장난치며 조금씩 가까워진다. 다시 만났을 때 두 마리의 개는 또 같은 '의식'을 치르지만 맨 처음 만났을 때보다는 간단하게 끝낸다.

어리고 활달한 성격을 가진 개의 경우, 처음 만나는 사이인데도 기본적인 '인사'의 과정 없이 상대편 개에게 갑자기 달려드는 경우도 있다. 이럴 때 상대편 개는 놀라기도 하고 그런 행동을 싫어하기도 해서 도망가 버린다. 상대편의 이러한 경고 신호를 이해하지 못한 채 끈질기게 접근하려 하면, 그 개가 다가오지 못하게 맹렬하게 짖거나 공격적인 행동을 하기도 한다.

즉, 개 사이의 에티켓이나 커뮤니케이션 방법을 이해하고 있는지의 여부가 서로 간의 호감도나 궁합을 살펴보는 데 중요한 요소다.

이런 에티켓이나 사회성은 생후 몇 주 동안의 사회화 시기에 어미 개로부터 배우게 되는 것들이다. 그러나 너무 어릴 때 어미 개와 떨어져 인간과 함께 생활한 개의 경우, 다른 개와 접촉할 기회가 부족하기 때문에 상대편 개가 보내는 신호를 제대로 이해하지 못하는 경우가 많다. 개들 사이의 융화 방법을 몰라 다른 개들과 제대로 사귀지 못하는 경우도 적지 않다.

강아지 때부터 어미 개나 형제 개들은 물론, 다른 여러 개들과 접촉할 기회가 많았던 개는 다른 개와의 교류에서도 자신 있게 행동한다. 상대방의 의도나 기분을 순간적으로 파악해 다른 개와의 적당한 거리를 유지하는 것도 가능하다. 그러는 가운데 서로 대립할 만한 상황을 만들지 않기 때문에 불필요한 싸움도 하지 않는다.

공원 같은 데서 자유롭게 풀어두면 견종이나 몸집의 크기가 서로 다른 개끼리 사이좋게 이리저리 뛰어다니는 모습을 종종 볼 수 있다. 이것만 봐도 단순하게 견종이나 체격이 비슷하다고 해서 서로 사이가 좋아지는 것은 아닌 듯하다.

인간의 눈으로 보면 그다지 예쁘지도 않고 명견으로 보이지 않는 암컷이 다른 여러 수컷에게 인기를 끄는 경우도 있다. 개는 겉모습보다는 성격을 중시하는 것일까? 하지만 분명한 사실은 처음 만난 사이의 개는 반드시 서로의 냄새를 맡아 확인한다는 것이다. 겉보기와 달리 인기를 끄는 암컷에게는 후각이 뛰어난 개 특유의 '냄새 궁합', 즉 페로몬의 힘이 밀접하게 관계되어 있을지도 모른다.

닥스훈트나 코기의 다리가 짧은 이유는?

닥스훈트는 대단히 특색 있는 외양을 하고 있는 견종이다. 한마디로 긴 몸체에 짧은 다리로 표현할 수 있다. 몸길이와 높이의 비율이 2대1로서 옆으로 긴 체형이라 배가 지면에 닿을 듯이 몸의 높이가 매우 낮다. 닥스훈트의 강아지는 전체적으로 통통한 형태에 다리가 짧으며, 성견이 되어서도 네 다리는 여전히 짧은 모습이다. 이렇듯 긴 몸체에 다리가 짧은 닥스훈트는 그 체형의 특성상 종종거리며 걸어 다닌다. 다리를 재빨리 움직이고 있는 모습은 닥스훈트만이 가진 특별한 매력이기노 하다. 소형견이 붐을 일으키고 있는 일본에서는 미니어처 닥스훈트가 큰 인기를 끌고 있다.

독일어로 '닥스'란 오소리라는 뜻이며, '훈트'란 사냥개라는 뜻이다. 언뜻 보기에 닥스훈트는 오소리 사냥에 동원된 사냥개로는 어울리지 않는 체형처럼 보이지만, 실제로는 몸 전체가 대단히 근육질이며 겁이 없고 활동적인 견종이다.

미니어처 닥스훈트는 최근 일본에서 가장 인기가 높은 견종이다.

닥스훈트는 오소리나 토끼가 사는 좁은 굴에 들어가도 움직이기 쉽도록 코와 몸통을 좁고 가늘게 개량하는 과정에서 탄생된 견종이다. 더불어 흙이 들어가지 않도록 넓으면서 아래로 처진 귀와, 땅을 파며 앞으로 나아갈 수 있도록 뼈가 굵고 짧은 다리로 만들기 위한 개량이 계속되었다. 그 결과 다리가 극단적으로 짧고 그에 비해 몸통이 긴 현재의 닥스훈

🐾 닥스훈트의 다리가 짧은 이유

짧은 다리가 귀여운 웰시 코기 (사진 제공 : 일본 홈페이지, 복숭앗빛 민들레)

트가 완성되었다.

또한 닥스훈트는 지면에 구멍을 파고 생활하는 오소리를 찾아내기 위해 후각 또한 매우 발달되었다. 뛰어난 후각 능력을 겸비한 닥스훈트는 사냥감을 쫓아 땅 위와 땅속을 자유자재로 누비는 근력을 자랑하며 훌륭한 사냥개로 활약하던 견종이다.

다리가 짧은 또 다른 견종 중 하나인 웰시 코기는 확실한 이목구비와 여우처럼 바싹 세운 귀 모양이 특징이다. 친근감을 주는 겉모습과 더불어 둥근 엉덩이를 흔들며 걷는 모습이 귀여워 코기 또한 인기가 급상승 중인 견종이다.

코기는 원래 목장에서 양 떼나 소 떼를 유도하던 목양견이다. 지면을 스치듯 질주하며 가축의 뒤쪽으로 재빠르게 달려가 뒤꿈치를 물며 한곳으로 가축을 유인한다. 짧은 다리라고는 상상할 수 없을 정도의 속도로 달릴 수 있으며, 점프력도 뛰어나 소가 걷어차려고 하면 재빠르게 몸을 피하며 다리 사이를 재빠르게 달려 빠져나간다. 이런 행동이 가능하도록 코기는 긴 몸통에 짧은 다리로 개량되어왔다. 다리는 비록 짧지만 근력이 좋기 때문에 항상 온몸에 힘이 넘치며 피곤을 모르는 견종이다.

그러고 보니 사람들은 짧은 다리의 개에게 쉽게 매력을 느끼는 듯하다. 닥스훈트나 웰시 코기가 강아지처럼 짧은 다리로 아장아장 열심히 걷는 모습은 언제 봐도 어려 보이며 귀엽게 느껴진다.

닥스훈트와 웰시 코기는 모두 체형적인 조건 때문에 느긋하고 느릿할 것처럼 느껴진다. 하지만 사냥개와 목양견의 역할을 해내며 사람이 상상하는 것보다 훨씬 힘든 일을 해왔던 개들이기 때문에, 겉보기와는 달리 놀랄 정도로 민첩하며 체력이 강인한 견종들이다.

웰시 코기의 다리가 짧은 이유

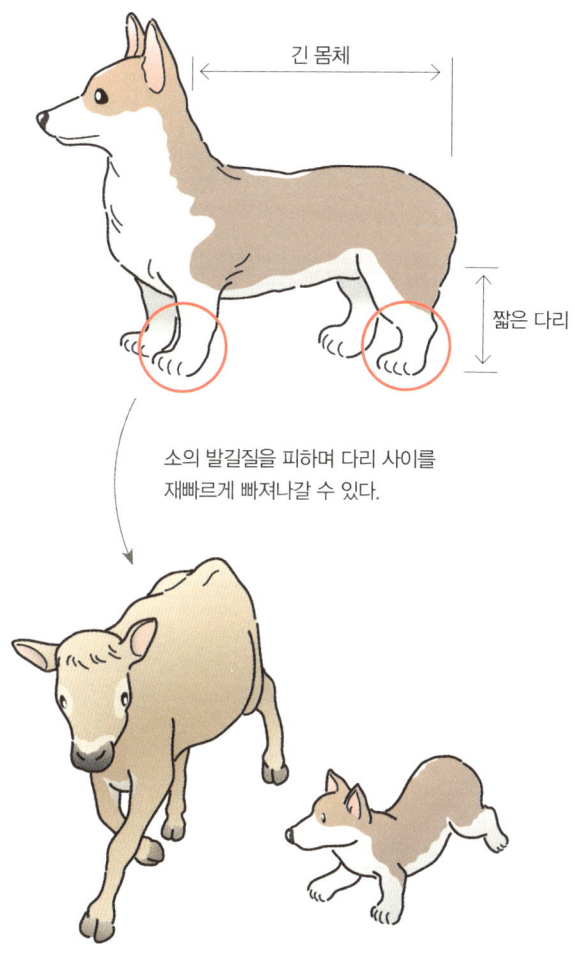

불도그의 얼굴은 왜 쭈글쭈글할까?

불도그는 왜 얼굴 전체가 주름으로 덮여 있고 코가 납작할까? 그 이유는 불도그가 투견이었기 때문이다. 불도그의 기원은 13세기 영국에서 성행했던 '불베이팅bullbaiting'(개로 황소의 약을 올려 싸움 붙여 즐기던 도박의 일종_옮긴이)에서 찾아볼 수 있다. 불도그는 흥분해 날뛰는 소와 싸우는 투견으로 만들어진 견종이기 때문에, 만약 소에게 물리더라도 그 상태 그대로 호흡할 수 있도록 납작한 형태에 위를 향한 코가 만들어지게 되었다.

두 눈 사이에 파묻힌 듯 보이는 불도그의 코는 그 길이가 아주 짧고 옆으로 펑퍼짐하다. 두 눈과 코의 사이, 또 눈초리부터 입 주변에는 깊고

🐾 불도그의 얼굴이 쭈글쭈글한 이유

긴 주름이 있으며, 넓고 두터운 윗입술은 아래로 처져 아래턱을 감싸고 있다. 이와 같은 특징을 통해 불도그 특유의 이목구비가 형성된다.

두텁게 주름진 얼굴과 애교 넘치는 성격의 불도그 (사진 제공 : 일본 홈페이지, 불도그 하우스 '쇼난湘南')

불도그가 머리부터 어깨에 걸쳐 두터운 주름으로 덮여 있는 이유는, 황소의 뿔에 찔렸을 경우 충격을 최소화하기 위해서다. 내장 부분이 상처받지 않도록 피부에 두꺼운 주름을 만들어 보호하고 있는 것이다.

불도그는 주름뿐만 아니라 다양한 면에서 커다란 황소를 공격하기에 적합한 체형으로 개량되어왔다.

불도그의 아래턱은 커다랗고 튼튼하며, 이마보다 더 많이 튀어나와 있

🐾 불도그의 신체 구조

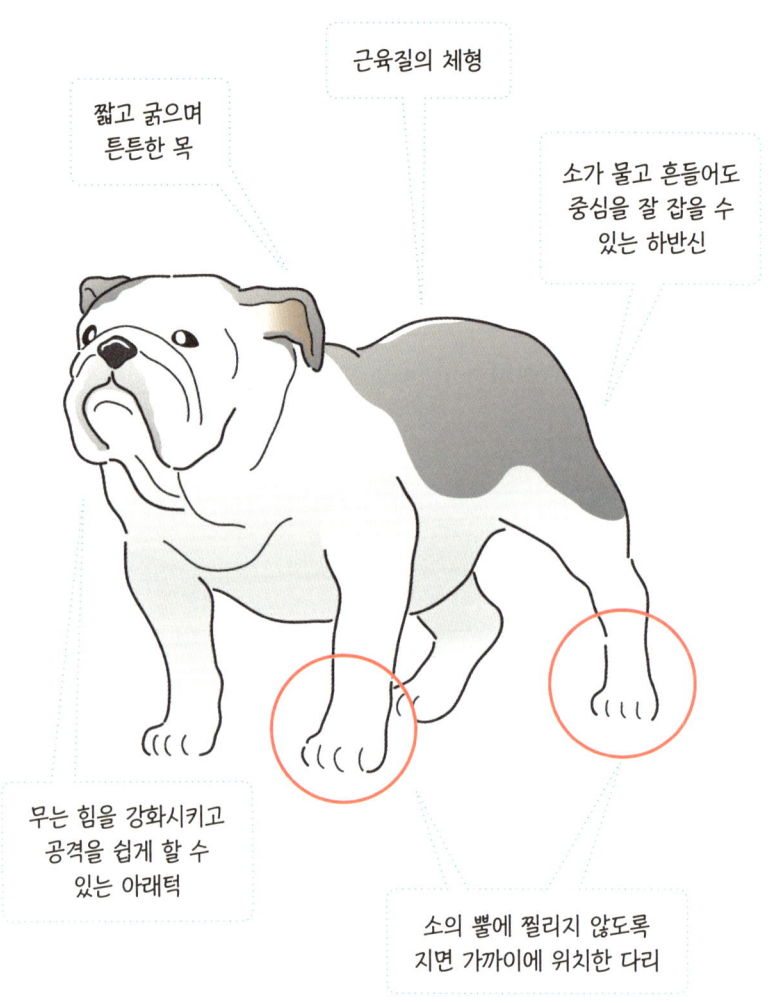

다. 네모난 턱의 모양과 아래턱이 발달한 이유는 소를 더 잘 물 수 있도록 하기 위해서였다.

불도그의 목은 짧고 굵고 튼튼하다. 작고 짧은 귀는 그 끝이 밖으로 접힌 채 머리의 높은 부분에 있다. 장미 꽃잎처럼 생겼다고 해서 '로즈 이어'라고 불리기도 한다.

근육질의 체형에 작은 키, 떡 벌어진 넓은 어깨로 인해 안정감이 있다. 가슴 부분도 넓고 탄탄하다.

다리는 짧고 굵으며, 앞다리 사이가 꽤 넓기 때문에 땅에 딱 붙어 기는 것처럼 묵직하게 안정되어 있다. 이 또한 소의 뿔에 찔리지 않도록 낮은 자세를 취하기 위해서다. 머리와 상반신이 크고 둥글둥글한 데 비해 하반신이 왜소한 이유는 소가 물고 흔들어도 내팽개쳐지지 않도록 앞쪽에 중심을 둬왔기 때문이다.

투견이 금지된 이후 불도그는 공격적인 성향이나 흥분하기 쉬운 성격 등을 철저하게 제거하며 가정견으로 개량되었다. 현재의 불도그는 놀랄 만큼 온순하고 밝은 성격으로 바뀌었으며, 유머러스하고 우락부락한 얼굴과는 달리 애교가 넘치는 견종이다.

납작한 코, 주름으로 가득 덮인 얼굴, 툭 튀어나온 턱, 부리부리한 눈에다가 약간의 안짱다리로 발을 땅에 끌듯 비척비척 걷는 모습은 불도그의 매력 포인트다.

몰티즈는 왜 흰색일까?

'순백의 귀부인'이라는 별명으로 불리는 것에서도 알 수 있듯, 실크처럼 빛나는 순백의 아름다운 털이 몰티즈의 트레이드마크다. 몰티즈는 광택이 흐르는 하얀 털 사이에 콕 찍힌 듯 보이는 동그랗고 커다란 검은 눈과 코가 매력적인 품종으로, 다양한 표정의 소유자이기도 하다. 진한 눈 주위 얼룩(아이라인)과 입술, 발바닥의 패드는 검은색으로, 순백의 털 색깔과 대조를 이루며 무척 잘 어울린다.

몰티즈는 원래 지중해에 위치한 몰타섬의 개였다. 항해 중의 선원이 키우면서 각지로 퍼져나가게 되었고, 세월이 지나 영국 왕실의 반려견으로 사랑받게 되었다. 몰티즈는 세계에서 가장 오래된 반려견이기도 하다.

몰티즈는 쇼와(1926~1989년 사이_옮긴이) 시대 초기에 일본에 소개되었다. 몰티즈가 본격적으로 인기를 얻게 된 때는 1950년 후반으로, 몰티즈와 마찬가지로 순백의 털을 가진 재패니즈 스피츠와 함께 일본에서 최고의 인기를 누리는 견종이 되었다. 실내에서 개를 키우던 것이 유행했던 시기였던 1968~1984년까지 17년간 연속으로 반려견 등록수 1위를 차지하며 몰티즈의 인기는 정착되었다.

온몸이 하얀 털로 뒤덮인 몰티즈. 세계에서 가장 오래된 반려견이기도 하다.

몰티즈와 함께 '흰색 털 강아지 붐'

🐾 인기를 끌고 있는 흰색 털 견종

을 이끌었던 웨스트 하이랜드 화이트 테리어West Highland White Terrier는 그 이름 그대로 흰색 털을 가진 테리어 종이다. 19세기까지는 웨스트 하이랜드 화이트 테리어의 선조견인 케언 테리어Cairn Terrier의 부모로부터 흰색 털을 가진 강아지가 태어나면 도태시켜버리는 관습이 있었다. 흰색의 테리어는 허약하며 겁쟁이라고 여겨져 사육의 혜택을 받지 못했던 것이다. 하지만 흰색 털의 강아지를 좋아하는 사람들이 보호하고 선택 개량하기 시작하면서 하나의 독립된 견종으로 인정받게 되었다.

흰색 털을 가진 대형견인 그레이트 피레네Great Pyrenees는 원래 다양한 색깔의 털을 가진 견종이었다. 이 역시 19세기에 들어서 행해진 선택 교배로 흰색 털을 가진 개체수가 압도적인 다수를 차지하게 되었다. 재패니즈 스피츠의 선조인 샤모예드 역시 흰색 털을 가진 대형견으로, 예전에는 검은색이나 갈색이 섞인 품종도 있었다. 하지만 흰색 사모예드에 인기가 집중되면서 흰색 이외의 개는 대부분 볼 수 없게 되었다. 또한 일본의 토종견인 기슈견Japanese Kishu Inu 또한 흰색의 이미지가 강하지만 예전에는 붉은색, 진갈색, 호피 무늬 등 다양한 색이 많았다.

예전부터 흰색 털을 가진 동물은 신비로운 존재로 여겨졌고, 행운을 가져다주는 신의 심부름꾼으로 사람들에게 사랑받았다. 야생동물 중에 북극곰 정도를 빼놓고는 몸 전체가 흰 털로 덮인 동물은 의외로 그렇게 많지 않다. 이렇듯 흰색 털을 가진 동물이 흔하지 않았기 때문에 그 희소

🐾 몰티즈가 흰색인 이유

예전에는 다양한 색의 몰티즈가 있었다.

가치 때문에 흰색 개를 원하는 사람의 수는 점점 늘어나게 되었다.

지금은 흰색 털의 단일 품종으로 통일된 몰티즈 역시, 초기에는 흰색 이외의 품종도 있었다. 하지만 흰색 몰티즈가 인기를 끌기 시작하면서 인위적으로 흰색 개를 선택 교배하게 되었고, 그 결과 아름다운 흰 털을 가진 몰티즈 품종을 만들어낸 것이다.

몰티즈처럼 털의 색이 흰색으로만 한정된 견종을 구입하고자 할 때는, 특히 코나 눈 주위 아이라인, 발바닥 등의 색을 확인하여 색소 결핍의 여부를 살펴볼 필요가 있다.

순백의 몰티즈는 선택 교배가 성공한 견종이라 할 수 있다.

웰시 코기의 꼬리는 왜 자르지?

웰시 코기는 원래 태어날 때부터 꼬리가 없다고 생각하는 사람이 많은 듯하다. 나 또한 꼬리가 없는 웰시 코기의 둥근 엉덩이를 처음 봤을 때 그런 생각을 했으니 말이다.

웰시 코기의 경우 강아지가 태어나자마자 꼬리를 잘라주는 관례가 있었다. 꼬리를 자를 때는 마취를 하지 않는다고 한다. 마취하는 것 자체가 강아지에게는 위험하기 때문이다.

강아지일 경우 신경이 덜 발달되어 있기 때문에 꼬리를 자를 때 고통을 거의 느끼지 못한다는 의견도 있다. 하지만 실제로는 강아지들이 꼬리를 자를 때의 끔찍한 고통에 비명을 지르고는 한다. 웰시 코기의 꼬리를 고무줄로 꽁꽁 묶어 자연적으로 꼬리가 썩어 떨어지게 하는 방법을 쓰는 경우도 있다.

웰시 코기는 원래 가축을 방목하는 데 동원되던 목양견으로, 작업 도중 가축에게 밟혀 다치지 않도록 꼬리를 잘라주었다. 또한 예전에는 노동력을 겸비한 목양견 또한 과세 대상에 포함되었기 때문에 납세의 증명으로 꼬리를 자르는 경우도 있었다. 이러한 예전의 풍습이 여전히 남아 있어, 웰시 코기의 견종 표준(스탠더드)에는 꼬리 길이에 대해

꼬리가 있는 웰시 코기 (사진 제공 : 일본 홈페이지, 복숭앗빛 민들레)

자세하게 기재되어 있다.

'미국 켄넬 클럽AKC'의 견종 표준에서는 웰시 코기의 꼬리에 대하여 '단면이 울룩불룩해지지 않도록 가능한 한 짧게 꼬리를 자를 것'이라고 규정

🐾 고통을 주면서까지 자르는 것은 NO!

원래 가축을 몰던 목양견 시절,
방해가 되는 꼬리를 잘라주는 관습이 있었다.
하지만 목양견의 역할을 수행하지 않는 지금,
굳이 꼬리를 자를 필요가 없게 되었다.

개에게 꼬리란 자신의 감정을
표현하는 몸의 중요 부분이다.

되어 있다.

또 '선천적으로 꼬리가 짧은 경우, 그 길이가 충분히 짧아야만 인정된다. 5.1㎝까지의 꼬리 길이는 인정되지만, 긴 꼬리를 계속 유지하면 톱라인(목 뒤부터 등, 꼬리에 이르는 전체적인 모양새_옮긴이)의 윤곽을 흐트러트릴 가능성이 있다'고 언급되어 있다.

최근 웰시 코기의 꼬리를 자르는 것이 동물 학대에 해당된다며, 꼬리를 자르지 않은 자연 그대로의 코기와 생활하자는 목소리가 높다. 유럽을 중심으로 꼬리를 자르지 못하도록 하는 법률 규정도 확대되고 있는 추세다.

웰시 코기의 원산지인 영국에서도 동물 애호의 관점에서 꼬리를 자르지 못하도록 하는 사회적인 움직임이 확대되고 있다. 일반인이 꼬리를 자르지 못하도록 규정한 법률이 시행 중이기 때문에, 꼬리를 자르는 것은 수의사만 가능하다.

웰시 코기의 꼬리를 자르기 시작한 가장 분명한 이유는 가축을 몰 때 꼬리가 방해되지 않도록 하고, 가축에게 꼬리를 밟혀 위험에 빠지는 것을 방지하기 위해서다. 시간이 흘러 그런 관습이 널리 정착되어왔지만 가축을 몰 필요가 없는 지금은 웰시 코기에게 꼬리가 있어도 문제 될 것이 없다. 그러므로 이제 개에게 불필요한 고통을 주면서까지 꼬리를 자를 필요는 없다.

개에게 꼬리란 감정을 표현하는 중요 신체 부위다. 본래 개가 가지고 태어난 자연스러운 모습을 중시하는 사회적 움직임이 확산되고 있는 것으로 보아, 앞으로는 꼬리가 있는 웰시 코기의 모습이 일반적인 것이 될 것 같다.

달마시안의 몸에 얼룩무늬가 있는 이유는?

달마시안은 흰색의 몸에 검은 반점이 눈에 띄는 단모종의 중형견이다. 흑과 백의 조화로 탄생된 선명한 무늬는 사람의 이목을 끌기에 충분하다. 디즈니 영화 〈101마리의 달마시안〉(1961년)은 달마시안의 독특한 무늬에 매료된 여자 주인공이 그 모피를 손에 넣기 위해 99마리의 달마시안을 납치하려고 하는 이야기로, 이 영화 덕택에 달마시안은 대단한 인기를 누리게 되었다.

태어날 때부터 달마시안의 몸에 점박이 무늬가 있는 것은 아니다. 갓 태어난 달마시안은 온몸이 흰색으로, 달마시안 특유의 얼룩점 무늬는 생후 10일경부터 희미하게 나타나기 시작한다. 그리고 시간이 지날수록 차츰차츰 검은빛이 더 진해진다.

검은 얼룩무늬가 매력적인 달마시안

행동이 민첩하고 지구력이 강한 달마시안은 원래 마차와 관계가 밀접한 견종이다. 18세기의 유럽에서는 달마시안이 마차에 붙어 달리는 '마차견Coach Dog', 혹은 여행 시 경호를 담당하던 경호견으로 각광받았다.

흑과 백의 대조로 만들어진 무늬가 매우 화려해서 사람의 시선을 끄는 역할을 했고, 어두운 밤에도 눈에 잘 띄어 마차견으로서의 역할을 해내는 데 달마시안이 제격이었다. 특히 영국에서는 마차를 인솔하는 '선두견'으로 활약하기도 했다. 교통신호가 없었던 당시, 달마시안의 무늬는 멀리서도 눈에 잘 띄었기 때문에 마주 달려오는 마차 사이에서 훌륭한 표식 역할도 해주었다.

🐾 달마시안의 얼룩무늬

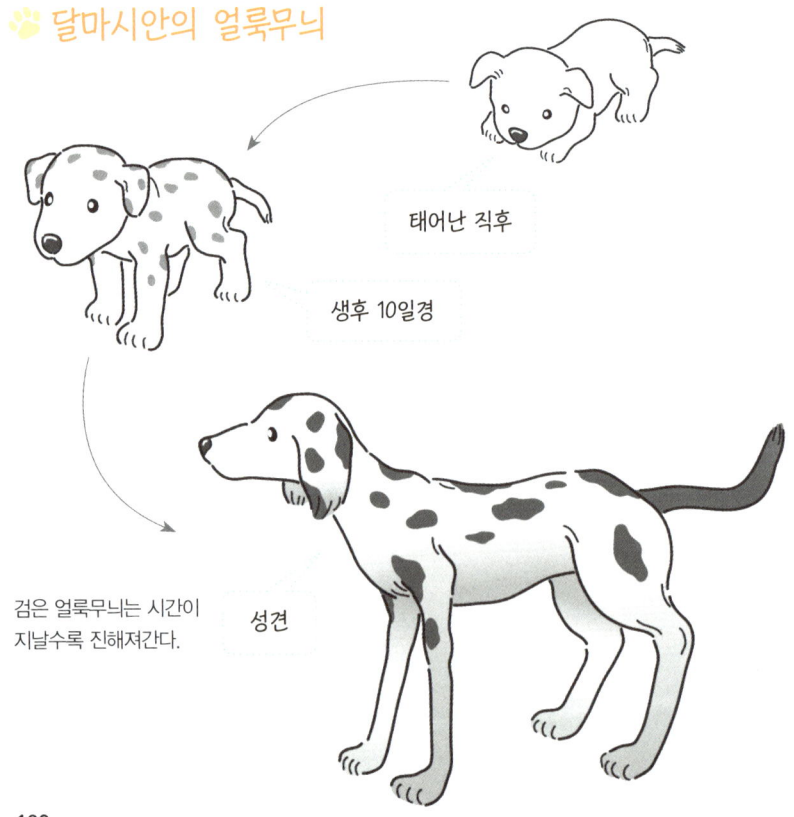

태어난 직후

생후 10일경

검은 얼룩무늬는 시간이 지날수록 진해져간다.

성견

튼튼한 골격에 탄력 있고 균형 잡힌 몸매의 달마시안이 마차와 함께 쾌속 질주하는 모습은 화려하면서도 아름다웠을 것이다. 당시 귀족에게 이런 취미는 자신의 사회적 위치를 드러내는 일종의 상징과도 같은 것이었을지도 모른다.

예전에 미국에서는 소방용 호스나 사다리를 마차로 운반했는데, 불이 난 현장에 도착한 소방용 마차가 도둑맞지 않도록 달마시안이 지키기도 했다. 그런 연유로 현재 달마시안은 소방서의 마스코트이기도 하다.

얼룩무늬에는 검은색과 갈색 두 종류가 있으며, 무늬의 크기는 직경 3㎝ 전후가 가장 이상적이다. 겹쳐진 얼룩무늬가 없고, 둥글고 진한 무늬가 머리, 몸통, 다리, 꼬리 등 몸 전체에 균등하게 퍼져 있을수록 좋은 품종의 달마시안이라고 평가된다.

🐾 달마시안의 역사

예전에는 마차와 함께 달리는 마차견이었다.
눈에 잘 띄는 얼룩무늬 덕분에 마차견의 역할을 훌륭하게 수행했다.

시베리아허스키는
정말 머리가 나쁠까?

　시베리아허스키가 일본에 소개된 때는 1982년으로, 당시 세 마리뿐이던 반려견 등록수가 1992년에는 5만 8,000마리를 넘어서게 되었다. 겨우 10년 사이에 일본 전역에 엄청나게 확산되었고 폭발적인 인기를 누리는 견종이 되었다.

　일본견과 닮은 야무진 눈과 뾰족한 귀, 흰색을 바탕으로 한 아름다운 모질, 가부키 배우의 얼굴 분장과도 같은 시베리아허스키의 독특한 얼굴 생김새는 날카로워 보이면서 동시에 친근감을 준다. 호기심이 넘치는 밝고 우호적인 성격으로 다수의 고정 팬을 거느린 견종이기도 하다.

　크게 인기를 끌었던 만화 『동물 의사 Dr. 스쿠르』(사사키 노리코佐々木倫子 작)에 등장하는 '꼬마'라는 이름의 시베리아허스키가 이른바 일본에 불어닥친 '시베리아허스키 붐'의 계기가 되었다고 할 수 있다. 그러나 1995년이 되자 다시 6,500마리로 그 수가 급격하게 줄어들게 된다. 산책 시 힘이 좋은 허스키에게 끌려다니기 일쑤라는 불만과,

시베리아허스키. 야무진 눈과 뾰족한 귀 등이 매력이다.

시베리아허스키의 고향

주인의 지시를 듣지 않는다는 것이 문제점으로 대두되면서 집 안에 묶어 두기만 하는 경우도 많았다. 자연적으로 허스키는 커다란 스트레스를 받으며 생활하게 되었다. 이와 같은 허스키의 행동은 제대로 된 교육 없이 그대로 성견이 되었기 때문이다. 그러므로 시베리아허스키를 반항적이며 공격성이 강하고 머리가 나쁜 개라고 일방적으로 단정하는 평가에는 아쉬움이 따른다.

지구력이 강한 시베리아허스키는 시베리아 남동부의 반유목 민족인 '축치족Chuk-chee'이 썰매개로 기르던 견종이다. 시베리아허스키는 수렵지를 지키고 확대해나가고자 하는 인간의 목적에 맞게 혹한의 날씨 속에서도 먼 곳까지 보급품을 안정된 속도로 운반하는 썰매개로 활약했다. 사람을 좋아하고 순종적인 성격이어서 가정견으로서는 물론, 번견, 수렵견으로서도 훌륭한 견종이다. 늑대처럼 울부짖는 목소리가 '허스키'하다고 하여 시베리아허스키라고 불리게 되었다.

시베리아허스키는 시베리아를 드나들던 모피 상인에 의해 미국으로 건너가게 된다. 1909년, 알래스카 썰매 끌기 경주에 허스키가 처음으로 참가했으며, 그 후 허스키는 수많은 썰매 경주에서 우승을 차지하게 된다. 1925년 알래스카 북서부의 항구도시 놈Nome에서 디프테리아가 발생했을 때, 시베리아허스키가 끄는 개썰매로 혈청을 긴급 운송해 많은 인명을 구한 이후 세간의 커다란 주목을 받게 되었다. 또 북극 탐사나 제2차 세계대전 중 구조대의 일원으로 활약하기도 했다.

가혹한 자연 조건 아래에서 썰매개로 살아온 시베리아허스키는 야생성이 살아 있고 자립심이 넘친다. 허스키에게 고온다습한 일본의 기후는 또 다른 의미에서 가혹한 생활환경이라 할 수 있다. "도망쳐서는 돌아오지 않는다", "썰매개의 습성이 남아 있는 탓인지, 어떤 소리에 놀라 뛰쳐나간 후 감감 무소식이다" 등의 사례를 들며 시베리아허스키를 머리 나쁜 개로 단정하는 이야기도 자주 접하게 된다.

시베리아허스키 붐은 소형견 위주의 반려견이 주도했던 일본 반려견 시장에 커다란 변화를 불러왔으며, 마침 일본의 거품경제 시기와도 맞물린다. 대형견을 키우는 것이 흡사 경제적인 부나 사회적 지위의 상징처럼 여겨졌고, 비정상일 정도로 급속하게 허스키의 보급은 확산되었다. 그러나 그런 안이한 생각을 가지고 대형견을 키우기 시작한 것 자체가 어리석은 행동이었다고 할 수 있다.

그 전까지 전혀 다른 환경 속에서 살아왔던 허스키가 더군다나 개를 키워본 경험이 전혀 없는 미숙한 주인의 뜻에 맞춰 움직여줄 리 만무한 것이다. 그런 까닭에 더더욱 '바보'라는 오명을 얻게 된 허스키로서는 상당히 억울한 노릇이었을 것이다.

🐾 다방면에서 활약하고 있는 시베리아허스키

· 혈청의 긴급 수송
· 썰매 경주에서의 실력 발휘
· 북극 탐사
· 전쟁 중 구조대로 활약

실제로는 대단히 우수한 견종이다.

도움견에 래브라도 레트리버가 많은 이유는?

'도움견'이란 손이나 발 등 신체에 장애를 가진 사람의 일상생활에 도움을 주는 개를 일컫는 말이다. 인간의 손발이 되어주며 몸이 불편한 장애인을 대신하여 문을 열어주거나, 물건을 옮겨주는 등 일상생활의 다양한 면에서 도움을 준다. 일본의 경우 약 40마리의 도움견이 현장에서 활약하고 있다.

도움견에 견종의 구분은 없다. 하지만 일본에서 활약하고 있는 도움견의 대부분은 래브라도 레트리버이다. 그 이유는 다음의 네 가지로 생각할 수 있다.

첫째, 사람과 함께 생활하는 것을 행복해한다.

둘째, 온순한 성격에 사람의 말을 잘 따른다.

셋째, 판단력이 뛰어나다.

넷째, 물건을 줍는 등 작업 능력이 뛰어나다.

그렇다고 모든 래브라도 레트리버가 도움견이 되는 것은 아니다. 도움견에 적합한 조건을 갖춘 개 중 특히 소양이 뛰어난 개를 선택해 몇 개월간의 훈련을 거치게 된다. 그런 후 민감한 성격이면서도 지나치게 예민하지 않으며, 사물이나 환경의 변화에 순응해 쉽게 흥분하지 않고, 인내력이 강한 개가 도움견으로 선택된다. 대형견이면서도 위압감이 없는 순한 인상을 하고 있으며, 단모종이라 털 관리가 용이하다는 점도 래브라도 레트리버가 도움견으로 선택되는 이유 중 한 가지다.

  도움견은 보행이 불편한 사람의 지팡이 역할을 해주기도 하며, 혼자 힘으로 일어설 수 없는 사람을 자신의 몸통에 의지 해 일어설 수 있도록 도와준다. 체격이 좋고 힘이 강한 래브라도 레트리버는 이런 면에서도 도움견으로 적합한 견종이라 할 수 있다. 검은 털의 래브라도 레트리버는 그 빛깔 때문에 사람들에게 얼핏 무서운 인상을 줄 수도 있어서 주로 노란 털의 래브라도 레트리버가 도움견으로 활약한다.

  그런데, 래브라도 레트리버는 단모종이지만 의외로 털이 많이 빠지기 때문에, 같이 생활하는 사람이 털에 의한 알레르기를 일으키는 경우도 종종 있다. 이런 면에서 주목받고 있는 품종은 래브라도 레트리버와 스탠더드 푸들의 교배로 탄생된 오스트레일리안 래브라두들Australian

🐾 도움견으로 훌륭한 래브라도 레트리버

· 사람을 좋아한다.
· 성격이 온순하다.
· 판단력이 뛰어나다.
· 작업 능력이 우수하다.

도움견으로 활약하고 있는 래브라도 레트리버(사진 제공 : 일본 경찰견 협회)

Labradoodle이다. 겉모양이 푸들과 가까워 털이 다소 긴 품종이지만 털 빠짐과 냄새가 적은 견종이다.

닥스훈트와 치와와, 닥스훈트와 푸들의 무분별한 교배에서 알 수 있는 것처럼 최근에는 단지 둘 다 귀여운 품종이라는 이유만으로 안이하게 교배시킨 후 '디자이너견'이라는 이름하에 사고파는 풍조가 널리 퍼져 있다.

오스트레일리안 래브라두들 역시 래브라도 레트리버와 스탠더드 푸들의 교배로 태어난 품종이지만 결코 일시적인 유행이나 안이한 교배로 태어난 것은 아니다. 명확한 목적을 위해 계획적으로 만들어진 품종인 만큼 이후 하나의 견종으로 정착하길 바라는 마음이다.

미국에서는 1,000마리 이상의 도움견이 활약하고 있으며, 버스나 지하철 등 교통수단은 물론, 음식점이나 호텔, 온천에서도 도움견을 동반할 수 있도록 그 권리를 인정받고 있다.

일본에서는 2003년에야 비로소 '신체장애인 보조견법身体障害者補助犬法'이 시행되기에 이르러, 보조견(맹인안내견, 청각장애인 안내견, 도움견)의 동반을 법적으로 보호하고 있다. 그런데도 아직 보조견을 대동한 장애인의 출입을 거부하는 곳도 많다고 한다. 인간의 손발이 되어주고 있는 보조견의 존재를 사회적으로 더욱 인정해주었으면 하는 바람이다.

리서치 사이트

아쿠트 넷AQUTNET (http://www.aqut.net/)
이 책을 위한 설문 조사는 '소프트뱅크 크리에이티브'가 운영하는 아쿠트 넷에서 실시했다.
설문 조사 기간 : 2006년 9월 6일~9월 16일

협력 사이트

불도그하우스 쇼난 (http://bulldoghouse-syonan.com)
바센지 '팔'의 홈페이지 (http://www10.plala.or.jp/basenji/)
마츠오카의 디지털 다이어리 (http://yrl03174.cocolog-nifty.com/)
웰시 코기 '복숭아'의 블로그 '복숭앗빛 민들레' (http://www.geocities.jp/momo42466/)
강아지 일기 '이지켄' (http://www.ijiken.com/blog)
일본 켄넬 클럽 (http://www.jkc.co.jp/)
일본 경찰견 협회 (http://www.policedog.or.jp/)
콘택트렌즈 전문 회사 '메니콘' (http://www.menicon.co.jp/)
동물 전문 콘택트렌즈 '메니원' (http://www.meni-one.com/)

 참고 문헌

『개의 행동과 심리 犬の行動と心理』
－히라이와 요네키치平岩米吉 저, 이케다 서점池田書店, 1991년

『Dr. 노무라의 개에 관한 100문 100답 Dr. 野村の犬に関する100問100答』
－노무라 준이치로野村潤一郎 저, 미디어팩토리, 2000년

『개의 심리 犬の心理』
－다케우치 유카리武内ゆかり 저, 나츠메사ナツメ社, 2001년

『개의 마음을 이해할 수 있는 책 犬のこころがわかる本』
－마이클 W. 폭스Michael W. Fox 저, 아사히문고朝日文庫, 1991년

『나와 잘 맞는 개－실패하지 않는 반려견 선택의 비결 相性のいい犬、わるい犬－失敗しない犬選びのコツ』
－스탠리 코렌Stanley Coren 저, 문춘문고文春文庫, 2002년

『똑똑한 개, 멍청한 개－당신의 개는 어느 쪽에 가깝습니까? デキのいい犬、わるい犬－あなたの犬の偏差値は？』
－스탠리 코렌Stanley Coren 저, 문춘문고文春文庫, 2002년

『동물과 대화하는 책動物と話す本』
－마스이 미츠코增井光子 저, 주부와 생활사, 1997년

『개와 대화하자－반려견의 마음을 알 수 있는 개 언어의 세계 犬と話そう－愛犬の氣持がわかる犬語の世界』
－데이비드 앨더튼David Alderton 저, 펫 라이프사, 2006년

『애니멀 러닝－동물의 훈련 방법 アニマルラーニング－動物のしつけと訓練の科学』
－나카지마 사다히코中島定彦 저, 나카니샤 출판ナカニシャ出版, 2002년

『반려견 트러블 해소법 愛犬のトラブル解決法』
－빌 캠벨Bill Campbell 저, 신성출판사新星出版社, 1999년

『개의 행동학 犬の行動学』
- 에버하르트 트뤼믈러Eberhard Trümler 저, 중앙공론사中央公論社, 2001년

『사람, 개와 만나다 人イヌにあう』
- 콘라트 로렌츠Konrad Zacharias Lorenz 저, 지성당至誠堂, 1966년

『개에 대해 진지하게 생각하다 犬を真面目に考える』
- 조엘 드하스Joel Dehasse 저, 이와나미 서점岩波書店, 1999년

『개의 머리가 점점 좋아지는 사육법 犬の頭がグングンよくなる育て方』
- 미우라 겐타三浦健太 저, PHP 연구소, 2004년

『강아지 사전 犬の事典』
- 미국 켄넬 클럽 엮음, DHC, 1995년

『개 카탈로그 ドッグ·カタログ』
- 오미야 고마오大宮巨摩男 저, 나가오카 서점永岡書店, 1990년

『최고의 개-내게 어울리는 개와 생활하는 법 この犬が一番-自分に合った犬と暮す方』
- 도미자와 마사루富澤 勝 저, 소시사草思社, 2000년

『일러스트로 보는 견학 イラストでみる犬学』
- 하야시 요시히로林 良博 저, 고단시講談社, 2000년

『일본견, 혈통을 지키기 위한 싸움 日本犬、血統を守るたたかい』
- 요시다 에츠코吉田悦子 저, 소학관문고小学館文庫, 2003년

『노견과 행복하게 사는 법 老犬との幸せなつきあい方』
- 요시다 에츠코吉田悦子 저, 신성출판사新星出版社, 2004년

『유비무환, 노견 생활 備えあれば…の老犬生活』
- 요시다 에츠코吉田悦子 저, 고양이 퍼블리싱, 2002년

Index

ㄱ
간식 _121
개가 짖는 이유 _14
개의 수명 _140
거세 _141
경찰견 _55, 67
급속안구운동 _138
기억력 _42, 44
꼬리 _29, 73
꿈 _136

ㄴ
냄새 _46, 52, 56, 60, 65
논 스포팅 도그 _162
늑대 _15, 72, 80, 114, 154, 158

ㄷ
닥스훈트 _24, 162, 182
달마시안 _134, 164, 197
당뇨병 _122
더블코트 _94, 134
도그쇼 _156

ㄹ
래브라도 레트리버 _204
렘수면 _138
리더 _33, 36, 52, 81, 174

ㅁ
마킹 _98, 102, 104
목양견 _25, 49, 77, 155, 184

목축견 _162
몰티즈 _59, 190
무리 _15, 36, 72, 80, 98
멜라토닌 _109
미각 _118
미니어처 닥스훈트 _24, 59, 182
미뢰 _118
믹스견 _160
믹스견 _59, 169, 170

ㅂ
바센지 _27
반려견용 콘택트렌즈 _51
방위 본능 _16
번견 _14, 32, 34, 155
보더콜리 _25, 41, 96
보디랭귀지 _51, 70, 72, 176
복종 _31, 36, 78, 175
불도그 _89, 164, 186
불테리어 _170
비강 _52
비글 _25, 140, 162
비렘수면 _137
빗질 _97

ㅅ
사냥개 _31, 34, 49, 155
산책 _38, 68, 79, 106
상모(오버코트) _94
설유두 _118
세인트버나드 _139, 164, 166
셰틀랜드 시프도그 _25, 42, 59, 140, 164
순종 _59, 170
스트레스 _87, 132, 135, 148

210

스탠더드 _156
스포팅 도그 _162
시바견 _140
시베리아허스키 _96, 164, 200
시력 _48
시야 _49
시추 _59, 89
식분증 _130
심장사상충 _142
소형견 _164

알릴프로필 디설파이드 _126
아키타견 _96, 164
아포크린샘 _84, 88
양파 _126
에크린샘 _88, 146
FCI _154
영역 _98, 102, 104
울부짖는 이유 _15, 18
워킹 도그 _162
웨스트 하이랜드 화이트 테리어 _23, 191
인슐린 _122
인슐린 의존성 당뇨병 _124
일본 원산의 개 _96
일본 켄넬 클럽 _154

조렵견 _155
지능 _40

초콜릿 _126
치와와 _22, 59, 89, 166

치석 _87
치주염 _87

카밍 시그널 _74
커뮤니케이션 _38, 71, 72
커피 _127
코 _52, 60
콜리 _164

털갈이 시기 _96
테리어 _23, 51, 162

패드 _144
평균수명 _140
포만감 _114
푸들 _59, 96, 164
풀 _110
피지선 _84

하운드 _162
하품 _74
하모(언더코트) _94
항문선 _55, 85
허딩 도그 _162
홍역 _62, 142
후각 _46, 52, 56, 60, 65
후각 상피 _52
후세포 _52

211

책을 옮기며

우리 집에는 '산아'라는 이름의 알래스칸 맬러뮤트가 있다. 걸핏하면 목줄을 풀어 탈출하기 일쑤고, 새벽녘에는 늑대처럼 우우거리는 녀석의 소리에 알람이 따로 필요 없을 정도다. 천방지축인 데다가 사고도 많이 치지만 사랑스러운 녀석이다.

한때 산아의 부모견을 비롯해 한꺼번에 여러 마리의 맬러뮤트를 키운 적도 있었다. 하지만 정작 내가 키우고 있는 개에 대한 지식은 부족했다. 왜 산아가 늑대 소리를 내면서 우는지, 왜 그렇게 급하게 사료를 먹는지, 혼날 때면 왜 그렇게 하품을 해대는지, 이런 것들에 대해 한 번도 깊게 생각해본 적이 없었다.

혼낼 때 하품하며 눈길을 피하는 산아를 보고는, 자신의 잘못을 깨닫지 못했다고 생각하고 더 혼낼 때도 있었다. 하지만 그것은 명백한 나의 '오해'였다. 개에게 하품이란 자신의 불안한 마음을 해소하기 위한 행동이며, 상대방에게 자신의 감정을 적극적으로 드러내는 보디랭귀지였다. 나의 조그만 지적 하나에도 산아는 긴장하고 신경 쓰고 있었던 것이다.

사람은 자신의 기준에 맞춰 모든 것을 생각하는 실수를 저지르곤 하나 보다. 사람에게는 사람의 이유가 있는 법이고, 개에게는 개의 이유가 있는 법인데 말이다. 산아의 행동에는 분명 이유가 있었지만, 나는 그것을 이해해주지 못하고 있었다. 이 책을 번역하면서 가장 먼저 알게 된 사실이다.

번역하면서 개의 행동이나 심리에 대해 하나하나 알게 되었다. 평소부터 의아하게 생각했던 개의 돌출 행동을 이해하게 되었고, 번역이 끝나갈 즈음에는 산아를 바라보는 눈도 상당히 많이 바뀌었다. 발바닥의 패드를 핥고, 여기저기 찔끔찔끔 오줌을 싸고, 열심히 내 손과 얼굴을 핥아주는 이유를 알게 되자 산아와의 생활이 더 즐거워졌다. 외롭다는 신호가 감지되면 다정하게 말을 걸며 온몸을 쓰다듬어주고, 무료하다는 신호가 감지되면 함께 신나게 놀아주니 개도 무척 만족스러워한다. 개가 좋아하는 것, 독이 되는 음식, 개의 질병, 개의 수명, 개의 조상과 역사, 견종에 따른 성격…… 하나하나 알면 알수록 개에 대한 애정이 깊어져가는 것을 느낄 수 있었다. 비록 내가 키우고 있는 개뿐만 아니라, 개라는 존재 그 자체에 대해서 말이다.

소박한 질문부터 전문적인 질문까지, 개에 관한 전반적인 것들을 알기 쉽게 설명하고 있는 이 책은 개를 키우고 싶어 하는 초심자부터 현재 개를 키우고 있는 사람들 누구에게나 유용한 매뉴얼이다. 초심자에게는 개라는 매력적인 존재에 다가서는 첫걸음이 될 수 있을 것이며, 개를 키우고 있는 사람들에게는 그 존재를 더욱 사랑할 수 있게 만들어주는 계기가 되어주리라 생각한다. 이 책이 개를 이해하는 데 작은 도움이 될 수 있기를 바란다.

개와 함께해서 더 행복한 나날들이다. 늘 힘이 되어주는 남편과 말썽쟁이 산아에게 감사의 말을 전한다.

강아지 탐구생활

1판 1쇄 인쇄 2018년 6월 27일
1판 1쇄 발행 2018년 7월 9일

지은이 요시다 에츠코
옮긴이 정영희

발행인 양원석
본부장 심순미
편집장 최두은
책임편집 차선화
디자인 RHK디자인연구소 박진영, 옥성수
해외저작권 황지현
제작 문태일
영업 마케팅 최창규, 김용환, 정주호, 양정길, 이은혜, 신우섭,
            유가형, 임도진, 김양석, 우정아, 정문희, 김유정

펴낸 곳 ㈜알에이치코리아
주소 서울시 금천구 가산디지털2로 53, 20층(가산동, 한라시그마밸리)
편집문의 02-6443-8861 구입문의 02-6443-8838
홈페이지 http://rhk.co.kr
등록 2004년 1월 15일 제2-3726호

ISBN 978-89-255-6240-7 (13490)

※ 이 책은 ㈜알에이치코리아가 저작권자와의 계약에 따라 발행한 것이므로
  본사의 서면 허락 없이는 어떠한 형태나 수단으로도 이 책의 내용을 이용하지 못합니다.
※ 잘못된 책은 구입하신 서점에서 바꾸어 드립니다.
※ 책값은 뒤표지에 있습니다.
※ 이 책은 기출간되었던 〈강아지 탐구생활〉의 디자인을 새롭게 하여 출간하는 책입니다.